Der Autor:
Bruno Küttel, geboren 1957 in Gersau, im Herzen der Schweiz, ist Rechtsanwalt und Vater von zwei Söhnen. Er lebt mit seiner Frau in Siebnen, in der Region Oberer Zürichsee. Bruno Küttel hat einen Traum: mit Geschichten die Welt verbessern. Der Ben im Buch ist sein Alter Ego. Von Bruno Küttel sind bereits erschienen: «Vater ist ein Träumer», «Erde an Scotty», «PS: Ich – Dich – auch». Und auf dem Blog www.bküttel.ch erzählt er Geschichten, die ihm das Leben schreibt.

Ein alter Traum vom Fliegen

von Bruno Küttel

Balloon © rafo – Fotolia.com
Coverdesign: Wortfeger Media GmbH

Herausgeber: Wortfeger Media GmbH,
wortfeger.ch

August 2016
ISBN 978-3-906095-82-0

Auch als E-Book erhältlich

Herstellung: BoD – Books on Demand, Norderstedt
Die Deutsche und Schweizer Nationalbibliotheken verzeichnen
diese Publikation in der Nationalbibliografie; detaillierte
bibliografische Daten sind im Internet über
www.dnb.de und www.nb.admin.ch abrufbar.

Dieses Buch ist Othmar und Otto gewidmet,
mit grossem Dank für ihr Mitwirken und ihre Hilfe

Aus «Hernach» von Wilhelm Busch:
Der Fliegende Frosch

Wenn einer, der mit Mühe kaum
Gekrochen ist auf einen Baum,
Schon meint, dass er ein Vogel wär,
So irrt sich der.

I.

Hallo Maren

Betreff: «Erde an Scotty»

Hallo Maren, wenn die Dinge reif sind, geht es schnell. Heute Abend bei dir im Briefkasten! Und zur gleichen Zeit per Post zu Galiani nach Berlin.

Herzliche Grüsse

Ben

AW: «Erde an Scotty»

Hallo Ben, da bin ich jetzt aber gespannt. Es tut mir leid, dass ich mich nicht mehr gemeldet habe. Ich bin im Moment familiär stark eingebunden, zumindest emotional. Immer wieder werde ich ganz direkt mit grossem Leid konfrontiert. Und da braucht es dann grad noch den Buddhismus, der mir sagt, dass das Leiden für die Entwicklung nötig sei. Ich glaube, ich könnte mich ganz gut auch ohne Leiden entwickeln.

Dann kommt heute ein Schüler und fragt: «Sie, was hat eigentlich der Typ namens Epikur gemeint mit ‹Carpe diem›?» – Das Leben als Genuss. Und reife Früchte erntet man, um sie zu geniessen. So geniesse ich dann bei Gelegenheit deine «Erde» und deinen «Scotty». Und ja, noch eine Frage: Warum Galiani, wer ist das? Und was willst du mit deinem Buch?

Liebe Grüsse

Maren

AW: «Erde an Scotty»

Hallo Maren, das ist es genau, was mir so viel Freude macht, wenn wir miteinander mailen. Die scheinbar unscheinbare Episode – Buddhismus, Leid und «Carpe diem» – wird zur Geschichte im Kontext des grossen Ganzen. Was du für dich in Worte fasst, und ich für mich, wird im Austausch zwischen uns zur Weisheit. Ehrlich, das wird es wirklich. Du wirst es sehen, wenn du «Erde an Scotty» liest. Ich habe es gewusst, nicht nur geahnt, schon bevor ich zu schreiben begann, aber trotzdem erstaunt mich das Resultat.

Dass du dich nicht mehr gemeldet hast, ist kein Problem für mich. Auch das ist das Schöne am Austausch zwischen uns. Es passt, wenn es passt. «Es ist, wie es ist», wie du in «Erde an Scotty» sagst.

Und ja, was will ich mit meinem Buch? Und warum Galiani in Berlin? Der Namensgeber dieses zwei Jahre jungen Verlags lebte im 18. Jahrhundert am Fusse des Vesuvs. Er war ein Universalgenie und ein Gnom, wie es in der Verlagsgeschichte heisst. Ein grosser Geist in einem kleinen Körper. «An allem interessiert und nie langweilig» soll sein Leitspruch gewesen sein. Auf einer Einkaufstasche von Galiani, die ich seit der Verlagspräsentation in Zürich aufbewahre, steht was folgt geschrieben: «Ich will sein, was ich bin. Ich will reden, wie mir's beliebt, und wenn man mich nur kauft, so verlangen ich und mein Buchhändler nicht mehr.»

Das habe der schlaue Gnom gesagt, und das ist es, was mir an Galiani gefällt. Ich will Geld und Geist verbinden. Geld ist zwar nicht das, was man landläufig meint, es hat nicht diese immense Bedeutung. Aber Geld ist wertvoll, wenn es darum geht, im Leben Leichtigkeit zu schaffen. Ich bin halt kein Buddhist und auch kein Franziskaner, die mit nichts zufrieden sind. Um ganz normal in dieser Gesellschaft zu leben, gehört ausreichend Geld dazu. Ein Buch ist ein Produkt, das sich vermarkten lässt. Was wir pingpongartig schreiben, soll die Leser unterhalten und zugleich auch den Autor. Wie wir das machen, ist zu diskutieren. Und damit habe ich dir auf die andere Frage – was will ich mit meinem Buch? – auch schon eine Antwort gegeben. Natürlich will ich noch mehr, aber das ist dann alles Zugabe zum primären Zweck: Unterhalten im doppelten Sinn. Hoffen wir – nein, vertrauen wir darauf, dass es kommt, wie ich es mir wünsche!

Vertraue *ich* darauf!

Auf was vertraust *du*?

Kein Problem, wenn du mir nicht gleich eine Antwort geben kannst. Kein Problem für mich. Wenn es dir recht ist, gehe ich den eingeschlagenen Weg jetzt weiter, bei Galiani oder ... Kein Oder im Moment.

Herzliche Grüsse

Ben

PS: Wenn sich das Gewitter verzieht, mache ich mich auf den Weg zu dir mit meiner wertvollen Fracht.

PPS: Es hat sich schon verzogen. Lief glimpflich ab. Ein kühlender Regen war mir gerade recht. Und dann ist mir noch etwas eingefallen, was die Buch-Maren sagt: «Du musst wissen, was du willst, um zu finden, was du suchst.» Inzwischen weiss ich es wirklich.

Betreff: «Erde an Scotty»

Hallo Maren, jetzt ist es bei dir im Kasten. Ich muss noch einen Nachtrag anbringen. Ein Brief von mir liegt dem Manuskript noch bei. Darin drücke ich meine Sorge aus, dass es bei dir nicht so gut ankommen könnte. Eine Anmassung meinerseits, eine Zumutung, die du nicht goutierst. Den Brief schrieb ich heute Morgen. Inzwischen kann ich aber sagen: Eine Portion Unsicherheit ist noch immer da, aber nicht mehr wirkliche Sorge. Beim Mailen mit dir hat sich die Leichtigkeit wieder ergeben, wie ich sie beim Schreiben von «Erde an Scotty» fand. Inzwischen ist es Abend, und ich weiss jetzt wieder: Zumutungen unter Freunden dürfen sein. Ich darf mich etwas trauen. Danke für deine Freundschaft.

Und jetzt freue ich mich auf dein Echo – und bleibe in einer gewissen Spannung. Du bist nach mir die zweite Leserin. In Berlin machen sie nicht so schnell.

Herzliche Grüsse

Ben

Betreff: Gefunden

Liebe Maren, über Nacht kam das Erkennen. Ich weiss jetzt, was es bedeutet, dein «Du musst wissen, was du willst, um zu finden, was du suchst». Das Wissen, das Wollen und das Finden haben sich im Schlaf ergeben. Wie gesagt: Wenn die Sache reif ist, geht es schnell.

Ich weiss jetzt, was ich will: Meine Stimme will ich, meinen Sound, und der ist definitiv da. «Erde an Scotty» beweist es. Auch «PS: Ich – Dich – auch» hat diesen eigenen Klang, aber «Erde an Scotty» hat den längeren Atem. Ich bin gespannt, wie du das siehst. Aber, wie gesagt, keine Eile. Die Geschichte nimmt ihren Lauf.

Dass du mir halfst, meinen Sound zu finden, bin ich mir bewusst. Was meinst du: Ob wir wie eine Seilschaft funktionieren? Einmal gehst du voran, das nächste Mal ich? Wir haben schon einige Abenteuer auf diese Art bestanden. Zuerst die Mindells, dann der «Balsam» und dann der Wessbecher. Unser Zusammenspiel bei diesen dreien bleibt mir unvergessen. Die Episoden vergesse ich nie, die sich dabei und davor und auch danach ergaben. Weisst du noch – du erinnerst dich bestimmt –, wie wir den Wessbecher suchten? Über dunkle Strassen, durch die Nacht, bis der Fuchs uns fand. Mir scheint, was wir da erlebten, zeige auf wundersame Weise, wie es mit dem Wissen und dem Wollen, dem Suchen und dem Finden geht. Und apropos Seilschaft noch einmal: Wenn wir bedenken, dass es in «Erde an Scotty» auch um *dein* Schreiben geht, dann kann ich mir gut vorstellen, dass in dieser Hinsicht und zurzeit ich es bin, der vorangeht.

In «Erde an Scotty» schlage ich vor, ich könnte dir den Stab bei der «Leben & Bewegen» übergeben. «Vorwort», sage ich, könnte dort meine letzte Geschichte sein, die zu deiner ersten wird. Das stimmt vielleicht schon, aber es war wieder einmal eine Spur zu klein gedacht. Sollte ich jetzt, wie ich zu träumen wage, mit «Erde an Scotty» den gewünschten Erfolg erzielen, dann wäre es wahrscheinlich ich, der dir und deinem «Noah» die Tür zu öffnen vermag.

Heisst deine Geschichte «Noah»? Einfach «Noah»? Wäre das nicht schön?! Ein Buch als Noahs Arche. Schön wäre natürlich auch, dass ich dir in diesem Fall deinen Titel schenkte. Oder geschenkt haben würde? Oder wie oder was? Ist ja dein Metier.

Herzliche Grüsse

Ben

Betreff: Feuer

Liebe Maren, du weisst ja, wie das ist mit mir und mit dem Feuer. Manchmal gehe ich zu weit, zu nah ans Feuer ran, und verbrenne mir die Finger. Das mit deiner Geschichte weisst nur du allein, das ist mir klar. Titel, Buch etc., nichts davon kann ich wissen. Nimm es mir bitte nicht übel, das war wieder einmal das Feuer meiner Begeisterung. Das war meine Hütte, die brannte. Deine Geschichte meine ich – dein Robinson und sein schicksalhaftes Feuer, sein Unglück und seine Rettung –, die du mir als Weihnachts- und Neujahrsgruss schicktest im letzten Jahr. Auf meine Antwort sagtest du, es gäbe noch eine ähnliche Geschichte mit wilden Pferden, die sei auch schön. Anscheinend habe ich diese wilden Pferde gespürt.

Darum, genau darum geht es in «Erde an Scotty». Die wilden Pferde dürfen sein. Dass sie sich hin und wieder etwas gar wild gebärden, gehört dann einfach dazu.

Herzliche Grüsse

Ben

Betreff: Pferde & Feuer

Hallo Ben, ja, manchmal gehen die Pferde mit einem durch. Und Wasser hat noch jedes Feuer gelöscht. Zum Glück haben wir zurzeit den anhaltenden leichten Regen. Ein wenig Kühlung tut gut, wenn die Motoren (zu) heiss laufen.

Oder wenn ich es anders sage: Der Scotty, der durchs Weltall beamt, braucht die Erde, die ihn ruft.

Und *ich* brauche Zeit. Es eile nicht, hast du geschrieben. «Eile mit Weile» habe ich in diesen Tagen mit einem meiner Schüler gespielt. «Mensch ärgere dich nicht», wie sie in Deutschland sagen.

Liebe Grüsse

Maren

©opyright! Diese Mail ist nicht für die Öffentlichkeit gedacht!

AW: Pferde & Feuer

Hallo Maren, es ist, wie es ist, und das mit dem Copyright habe ich verstanden. In einem Roman kann das Personal verfremdet werden, wenn es die Beteiligten wünschen. Jetzt schalte ich auf Standby, bis ich von der Erde wieder höre.

Herzliche Grüsse

Ben

Betreff: «Erde an Scotty»

Hallo Maren, trotzdem noch einmal: Galiani sagt ab. So habe auch ich jetzt wieder jede Menge Zeit.

Herzliche Grüsse

Ben

Betreff: «Erde an Scotty»

Hallo Maren, es arbeitet weiter in mir. Wieder einmal denke ich, dass nichts falsch war von dem, was geschah, und doch kommt es zuletzt wahrscheinlich anders. Das mit dem Roman – einen Roman wollte ich schreiben – stimmt wahrscheinlich nicht. Ich habe einen Versuch unternommen mit anderen Namen. Es verliert jedoch an Kraft, so schön auch die anderen Namen klingen. *Dein* Name und *mein* Name scheinen unverzichtbar, da geht es um die Essenz von der Geschichte. Es geht um den Mut, mit dem nach aussen zu treten, was unser Ureigenstes ist. Wahrscheinlich ist es das, worum ich seit Jahren ringe. Ich ringe mit mir selbst.

Falls du den Epilog von «Erde an Scotty» schon gelesen hast, weisst du, welche Frage ich dort stelle: Ob du einen passenden Satz aus Endes «Momo» kennst, der als Motiv an den Anfang von unserer Geschichte passt, statt dem Spruch vom Wunder, das geschieht, wenn wir die Herzen öffnen. Ich brauche keine Antwort mehr. Inzwischen weiss ich, dass das, was Thoreau sagte, halt doch das Richtige ist.

Aber sind wir auch mutig genug, in die Welt hinauszutragen, was sich bei *uns* ergab? So hat es Thoreau gemeint, als er sagte: «Was vor uns liegt und was hinter uns liegt, sind Kleinigkeiten im Vergleich mit dem, was in uns liegt, und wenn wir das, was in uns liegt, in die Welt hinaustragen, geschehen Wunder.»

Ich muss es immer wieder sagen: *Deinen* Mut und *meinen* Mut, beide braucht es, wenn es Wirklichkeit werden soll. «Erde an Scotty» ist ein Duett, kein Solo. Oder eigentlich ist es ein Chor mit ein paar tragenden Stimmen.

Ich weiss, dass es nichts bringt, wenn ich dich zur tragenden Stimme dränge. Ich kann dich aber bitten, mit mir und den anderen zu singen. Es klingt gewiss ganz wunderbar, wenn die Leserinnen und Leser in unser Lied einstimmen, ziemlich kraftvoll auch.

Dass du die Gabe hast, andere zu berühren, weisst du sicher längst. Dann geht es jetzt um die Frage, ob du auch bereit bist, *viele* zu berühren, wenn es «Erde an Scotty» gibt. Ob es «Erde an Scotty» geben soll, entscheiden wir gemeinsam. So wünsche ich dir ein geruhsames Wochenende und grüsse dich herzlich

Ben

PS: Was jetzt hin und her geht zwischen uns, ist keine Geschichte mehr, das ist die Realität. Die Geschichte ist geschrieben.

PPS: Und noch ein Letztes fällt mir ein: Hast du nicht schon einige Male gesagt, du hättest gern eine Verdienstquelle, die beständig fliesst? Ob «Erde an Scotty» diese Quelle öffnen kann? Ich selber rechne damit.

Betreff: «Erde an Scotty»

Hallo Maren, neue Erkenntnis: Verfremden geht doch. Nur der Ben bleibt der Ben auf jeden Fall.

Herzliche Grüsse

Ben

Betreff: Flyer

Hallo Maren, ich habe deinen neuen Prospekt gesehen. Oder soll ich «Flyer» sagen? Ein Flyer mit Brücken, das passt! Brücken sind wichtig! Gut, dass es Menschen gibt, die Brücken zu bauen vermögen.

Nach der Hitze haben wir jetzt eine willkommene Abkühlung erhalten. Aber auch die Hitze hat gepasst. Es braucht Hitze und Druck, damit ein Diamant entsteht. Solltest du «Erde an Scotty» gelesen haben inzwischen, dann weisst du, was ich meine. Wenn nicht, ist es auch recht. Ich dränge wirklich nicht. Ich dränge nicht mehr. Ich lasse der Sache ihren Lauf und vertraue darauf, dass … Aber das sagte ich ja schon.

Aber eines will ich dir noch sagen: Drei Dinge – drei ganz genau – habe ich wirklich gelernt in meinen Such- und Wanderjahren: 1. «Just do it!» (Gene Egidio, ein amerikanischer Heiler, den ich einmal traf vor gut zehn Jahren). 2. «Wer geheilt werden will, muss heilen. Nicht von mir, aber trotzdem schön.» (Dr. med. Jakob Bösch, an einem Heilerkongress in Basel, auch das ein paar Jahre her). Und 3. «Du musst wissen, was du willst, um zu finden, was du suchst.» (Das hast *du* mir gesagt, erst vor ein paar Wochen).

Jetzt weiss ich, Maren, was ich will, mein Plan ist einfach: Ein Schriftsteller will ich sein, ohne Wenn und Aber. Einfach ein Erzähler.

Herzliche Grüsse

Ben

Betreff: «Erde an Scotty»

Liebe Maren, jetzt geht alles wieder eine Spur ruhiger als in den letzten Wochen. Als ob der Fluss, der reissend schnell durch tiefe Schluchten fuhr, in einen Strom einmündet. Zwei fertige Romanmanuskripte liegen bereit. Das eine ist «Erde an Scotty», das du kennst. Was mir bewusst geworden ist: Das ist *mein* Roman, nicht *unser*. Ich hoffe sehr, du erlaubst mir, diese Geschichte, auch wenn sie viel von dir enthält, zu *meinem* Roman zu machen, ich bitte dich darum. Bitte sag nicht Nein. Es entsteht etwas Wunderbares, das in den Leserinnen und Lesern den Mut weckt, den sie brauchen, um selbst auch Mutmacher zu sein.

Die Welt braucht Mutmacher in deiner und in meiner Form und in tausend anderen Formen. Schauen wir nach Griechenland, oder schauen wir nach Irland, nach Libyen, nach Syrien oder oder oder. Sie müssen mutig sein, wider jede Vernunft. Ein Rezept habe ich nicht, haben *wir* nicht und hat auch niemand anderes. An den Rezepten und Konzepten findet keiner mehr seinen Halt.

In «Erde an Scotty» gibt es eine Geschichte, die vom «Feuer anzünden» handelt. Vielleicht ist es das Einzige, was in der globalen Krise hilft. Vielleicht besinnt sich der Mensch auf seine allertiefsten Bedürfnisse und allerwertvollsten Gaben. Vielleicht werden sich die Menschen – Mensch um Mensch um Mensch – bewusst, dass es sie braucht, um Feuer anzuzünden. Feuer, die wärmen und nähren.

Gestern Abend zeigten sie in «Schweiz Aktuell» Bilder von einer «Action», wie sie es nannten, die man vor zwanzig Jahren veranstaltet hat. Das war ein früher Vorläufer der Reality-Soap, wie es sie mittlerweile auf allen Kanälen gibt. Ein paar Leute, mehrheitlich jung, auf Abenteuer aus. Sie lebten wie «Wilde» im Wald, von dem, was der Wald ihnen gab. Es war nass und kalt. Das sei das Schlimmste gewesen, die Nässe und die Kälte, die nie wich. Sie waren Tag und Nacht dem Wetter ausgesetzt. Gestern erzählten ein Mann und eine Frau, inzwischen in die Jahre gekommen, wie sie das erlebten. Sie standen wieder im Wald, und sie waren – man sah und spürte es – noch einmal tief berührt, als sie vom Glück erzählten und vom überwältigenden Gefühl in dem Moment, als das Feuer brannte. Von da an hatten sie warm, und sie hätten alles darangesetzt, dass das Feuer nicht mehr ausging.

Vielleicht können wir wirklich nichts anderes machen. Vielleicht *müssen* wir nichts anderes machen, als Feuer um Feuer zu entzünden und dann dafür zu sorgen, dass sie massvoll brennen.

Herzliche Grüsse

Ben

PS: Und dann fällt mir noch etwas ein zum gestrigen «Schweiz Aktuell». Die Frau und der Mann, die erzählten, wie es vor Jahren war, wurden zuletzt noch gefragt, ob ihnen etwas geblieben sei aus dem Abenteuer von damals. Die Frau sagte, sie sei durch diese Erfahrung zum Schamanismus gekommen.

Betreff: Spielen mit dem Feuer

Hallo Ben, über Pfingsten waren wir in der Westschweiz und wanderten der Areuse entlang. Es ging über Brücken und durch Schluchten. Und vor zwei Jahren tuckerten wir auf dem Sankt-Lorenz-Strom in Kanada. Ich kenne beides also: die tiefe Schlucht wie auch den breiten Strom. Beides fasziniert mich. Beidem gemeinsam ist das Wasser. So muss ich dir sagen: Ich beherrsche den Umgang mit dem Wasser besser als das Spielen mit dem Feuer. Das Wasser schenkt mir Ruhe, es gibt mir Geborgenheit. Das Feuer macht mir Angst. – Gut, ein Lagerfeuer nicht. Ein Lagerfeuer verbindet.

Und wenn wir schon bei den Elementen sind, kämen dann noch die Erde und die Luft dazu. Von der Astrologie her habe ich beim Feuer am wenigsten Erfahrung. Das Feuer übt auf mich auch nicht diesen Reiz aus, den es für andere Menschen hat. Ich mag die Luft, ich mag das Wasser, und eine gehörige Portion Erde gehört für mich immer auch dazu.

Gerne bespreche ich mit dir demnächst einmal das weitere Vorgehen. Du weisst, ich würde dir nie einer Veröffentlichung im Weg stehen. Du hast mir deine Söhne anvertraut, dein eigen Fleisch und Blut, wie also könnte ich dir nicht vertrauen? Doch wenn es denn so weit kommen sollte, hätte ich gern meine Meinung dazu noch gesagt, hier und da etwas frischen Wind reingebracht, mal einen Wolkenbruch produziert oder noch etwas Boden dazu gegeben. Den Feuerteil überlasse ich aber dir. Wie sieht es bei dir nächste Woche aus? Können wir uns da einmal an einem Vormittag zusammensetzen, bei dir im Büro vielleicht?

Liebe Grüsse

Maren

AW: Spielen mit dem Feuer

Hallo Maren, ja gern, nächste Woche richte ich es ein. Wie wäre es am Mittwoch um neun? Oder schlägst du etwas anderes vor?

Und zum Feuer noch einen Satz: Das heimische Herdfeuer ist auch mir inzwischen lieber als ein Flächenbrand. Wie auch du beim Wasser, das du gern hast, nicht an den Tsunami denkst.

Herzliche Grüsse

Ben

AW: Spielen mit dem Feuer

Hallo Ben, nein, geht nicht, da habe ich Unterricht. Passt doch nicht so gut nächste Woche. Ich muss noch einiges erledigen, bevor es in die Ferien geht.

Liebe Grüsse

Maren

AW: Spielen mit dem Feuer

Hallo Maren, dann warte ich, bis es passt.

Herzliche Grüsse

Ben

Betreff: Wind, Regen, Boden, Feuer

Hallo Maren, jetzt haben wir das Gespräch vor den Ferien doch nicht mehr führen können. Dann wird es später sein, wenn ich von dir wieder höre.

Bis dahin: Hab eine gute Zeit!

Wir fliegen nach Holland an eine Hochzeit, die ganze Familie. Das hat es seit Jahren nicht mehr gegeben, dass wir zusammen reisten. Thomas und David bleiben drei Tage. Rosa und ich sind eine Woche dort, Kunst steht auf dem Programm. Museen und Galerien wollen wir mit unseren holländischen Freunden besuchen. Vielleicht schauen wir uns auch die Skulpturenausstellung, Open Air, in Amsterdam an, die vor ein paar Wochen von der holländischen Königin und einer Delegation des Zürcher Stadtrats feierlich eröffnet wurde. Erinnerst du dich daran? Ich war begeistert vom Gastspiel von Tinguelys «Heureka» in Holland und habe dir davon erzählt. Ich würde diese verrückte Maschine ohne jeden Sinn gern einmal in Betrieb sehen. Vielleicht gelingt es in Holland. In Zürich steht sie ja überwiegend still.

Und zu dem, was du unlängst schriebst in deiner Mail, noch ein Gedanke: Vom frischen Wind schriebst du, der reinzubringen wäre, vom Wolkenbruch, den du produzieren willst, und vom Boden da und dort, den du dazugeben möchtest. Sei dir bitte bewusst: Du hast es schon gegeben. Und was du zum Feuer sagst, ist mir dies mehr als recht. Ich bin gern um das Feuer besorgt, dann und wann und da und dort. Ich mache es ohne Furcht und mit Genuss, denn ich kann mich darauf verlassen, dass es nach jeder Hitze ... Aber auch das haben wir schon gehabt. So wünsche ich dir, und mir natürlich auch, sonnige Sommertage und dass der Regen dazwischen massvoll fällt.

Herzliche Grüsse

Ben

PS: «Heureka»? Ich stellte mir die Frage: Das heisst doch ... aber was? Internet sei Dank! Und weil du Griechisch kannst, weisst du, was ich meine: Heureka! Ich hab‘s!

Betreff: Flug nach Holland

Hallo Maren, mir ist noch etwas eingefallen: Heute Morgen in der Zeitung stand ein kleiner Bericht, mit einem Bild vom reisefreudigen Vogel, über einen im St. Galler Oberland ausgesetzten Bartgeier. Im letzten Jahr sei er schon weit geflogen, unüblich weit, nämlich ins Tessin und in den Jura. Die Forscher wissen das, weil sie seine Flüge über GPS verfolgen. Im Juni dieses Jahres habe er nun alle Grenzen gesprengt. Sein neuster Flug ging in die Normandie und von dort dem Meer entlang nach Belgien und nach Holland. Für die Schweiz hätte man ihn schon fast aufgegeben, und dann sei er, sozusagen über Nacht, im Calfeisental plötzlich wieder aufgetaucht.

Plötzlich wieder daheim, nach langer, abenteuerlicher Reise, ist das nicht wunderbar?! Eine Geschichte, die einfach passt!

Herzliche Grüsse

Ben

Betreff: Exkursion?

Hallo Maren, wieder einmal ein Rauchzeichen, nach langer Zeit, von meiner Insel. Am nächsten Montag in Zürich: Dr. Alberto Villoldo, ein amerikanischer Anthropologe, der auch ein Schamane ist. Man sagt, er verbinde die Tradition der Schamanen mit der modernen Wissenschaft. Macht es dich auch an?

Und sonst: Geht es dir gut?
Herzliche Grüsse
Ben

Betreff: Exkursion/Intro-version

Lieber Ben, ich habe schon ein paar Mal eine Mail an dich begonnen, und dann ist es wieder zerronnen. Ich habe einen ziemlichen Taucher gemacht. Ich war in den Sommerferien im Südtirol und kam einfach nicht auf Touren. Damit meine ich nicht nur die Bergtouren. Wieder zu Hause hatte ich auch nach den Ferien überhaupt keine Kraft, und so nahm ich den Weg zum Arzt unter die Füsse, um mal alles durchzuchecken. Er sagte, ich hätte tiefe Eisenwerte und dass viele meiner Symptome Begleiterscheinungen von Eisenmangel wären. So habe ich Eiseninfusionen machen lassen, um die körperliche Stabilität wieder zu erreichen. Das ist jedoch nur die eine Seite der Medaille. Die andere war und ist mein unruhiger Geist. Ich habe viel meditiert, geschrieben, überlegt, gefühlt, was es mit dieser Kraft- und Orientierungslosigkeit auf sich haben könnte. Einerseits stehen wir vor einem grossen Transformationsprozess, und andererseits taucht in der Lebensmitte ohnehin die eine oder andere Frage auf.

Die Fragen sind aufgetaucht, und ich bin abgetaucht. Ich war also ganz in meinem Element, dem Wasser. So lässt sich deine Frage, wie es mir geht, nicht so bei-läufig beantworten, wie du sie stellst. Darf ich sie zurückgeben und *dich* fragen, wie es *dir* geht?

Und dann zum Vortrag in Zürich: Das ist auch so eine Sache. Ich habe sehr viele Bücher gelesen in der letzten Zeit, stundenlang im Internet gesurft, und komme immer wieder auf den Aufruf der Hopi-Indianer zurück, nämlich keine Führer abseits meiner selbst zu suchen. Mein Geist ist verwirrt vor lauter Thesen, Theorien und Konzepten, so dass ich jetzt gern die Ruhe suche, *meine* Wirklichkeit, die für mich die einzig wahre ist. Gehst du am Donnerstag nach Zürich?

Ich bin in den Ferien per Zufall einem Buch begegnet. Ich musste viermal Nachschub kaufen, dann ist man nicht mehr so wählerisch. Dieses Buch handelte von einer E-Mail-Beziehung. Ich dachte, als ich es las: Das muss ich dem Ben geben! Das ist witzig! Es liegt für dich bereit.

Herzliche Grüsse

Maren

AW: Exkursion/Intro-version

Liebe Maren, es ist schön, von dir zu hören, ich habe es vermisst. Aber eigentlich gehört das ja auch zu unserem Austausch dazu. Es scheint etwas Essenzielles an unserem Austausch zu sein: Eine lange Phase des Schweigens – oder des Abtauchens, wie du es nennst – und dann sind wir plötzlich wieder da. Die eine oder der andere macht einen Anfang. Irgendein Auslöser kommt von irgendwoher. Irgendjemand löst etwas aus, oder irgendwo löst sich ein Knopf. Wir machen das Seil los, mit dem das Boot am Ufer vertäut war, und die Fahrt auf dem Fluss geht weiter. Womit wir dann wieder bei den Hopis wären. Im Aufruf der Hopi-Indianer, mit dem Fluss zu gehen, steckt viel Kraft, da hast du recht.

Und meine und deine Frage: Ja, wie geht es mir? Eigentlich geht es mir gut. Eigentlich ... Erinnerst du dich, wer das einmal sagte?

Es lohne sich, über das «Eigentlich» nachzudenken, sagtest du auch, als *du* «eigentlich» sagtest. Wenn ich dir schreibe, geschieht das Nachdenken fast von selbst. Das ist die praktische Seite des Schreibens und des Lesens. Anscheinend begreife ich mich selbst und die Welt besser, wenn ich sie lesend erfahre. So muss ich es schreiben, damit ich es lesen kann. Es geht mir insofern gut, als ich merke, dass mein Weg der richtige ist, dass die Dinge zusammenstimmen. Dass zusammenkommt, was zusammenkommen muss. Dann habe ich auch immer wieder Phasen von Auf und Ab und Hin und Her, die mir nicht behagen. Dann bin ich froh um den Kopf, der mir sagt, dass alles sein muss, wie es ist, hier und jetzt, weil es so zur Geschichte passt. Womit ich dann bei der Geschichte, bei meiner Geschichte wäre.

Und dann merke ich doch beim Schreiben, dass mir das Reden über meine Geschichte schwerfällt. Das Reden über eine Geschichte ist halt nicht das Gleiche, wie das Erzählen der Geschichte. Und eigentlich – das merke ich immer wieder – möchte ich am liebsten nur erzählen, erzählen, erzählen. Ich sehne mich danach, einfach erzählen zu dürfen, ich spüre es gerade jetzt. Es fühlt sich an wie eine Quelle, die laufen, laufen, laufen will. Sie läuft immer wieder ein wenig, dann muss sie wieder ruhen. Aber eben, das gehört wohl auch dazu. Ich muss darauf vertrauen, dass meine Erzählerzeit noch kommt. Dass sie demnächst kommt, weil jetzt alles bereit ist für diese Etappe auf meinem Weg. Und bis es so weit ist, muss ich mich gedulden. In diesem Sinn, wie du siehst: Es geht mir eigentlich gut, aber es kratzt im Hals im Moment. Ein rauer Hals und eine heisere Stimme. So werfe ich gerade jetzt eine Bronchial-Pastille ein.

Aber eigentlich – ich merke es schon – rede ich um den heissen Brei. Angst ist auch ein Thema, das mir in unterschiedlichen Formen in letzter Zeit immer wieder begegnet. Zum Beispiel wenn ich daran denke, was geschieht, wenn wirklich geschieht, was ich mir sehnlichst wünsche. Und das ist doch eigentlich verrückt! Ich will ein Schriftsteller sein mit Erfolg, und es macht mir Angst, wenn ich mir vorstelle, wie sich das Leben verändert, wenn ich es wirklich bin.

Was ich in diesem Sinn erlebe, ist vielleicht das, was viele Menschen erleben zurzeit, weil sie spüren, dass Veränderungen, die auch sie betreffen, unvermeidlich sind. – Du siehst, die Verwirrung, von der du sprichst, erfasst auch mich. – Dann rede ich mir gut zu, dass die eigene Verwirrung unter den Umständen unserer Zeit das einzig Passende ist. Wer nicht verwirrt ist, ist unbelehrbar und unverbesserlich und hält um jeden Preis am Altbekannten fest. Wer nicht verwirrt ist zurzeit, muss taub und blind *und* gefühllos sein.

Ob ich hingehe am Donnerstag, fragst du. Am Montag, nicht am Donnerstag. Ich bin mir im Moment nicht sicher. Vielleicht hat der Dr. Schamane & Anthropologe seine Aufgabe schon erfüllt, indem er mir den Anstoss gab, mit dir wieder einmal zu mailen. Ich weiss es also noch nicht. Kämest du aber auch, wäre ich bestimmt dabei. Es ginge dann nicht um neue Thesen, Theorien und Konzepte, sondern um die Geschichte, die sich dabei ergibt. Eine Geschichte, die sich auf *unsere* Art ereignet.

Ich habe schon oft gedacht: Jetzt lasse ich es dann bleiben, all das Spirituelle. Und dann spürte ich, dass mir ohne ... etwas fehlen würde. So versuche ich jetzt immer wieder, aus der Not eine Tugend zu machen. Ich gehe trotzdem hin und schaue, was mir begegnet. Ich nehme, was ich erlebe, als die Essenz. Wie damals, als wir beim Wessbecher und seinem Gefolge waren. An was ich mich immer wieder und gern erinnere, das ist der Fuchs, den wir auf der Hinfahrt sahen. Auf unserer Fahrt durch die Nacht, die auch eine Irrfahrt war. Der Zufall, das Schicksal, oder was auch immer, hat uns die Begegnung mit dem schlauen Tier beschert. In diesem Sinn: Im Moment lasse ich es offen, ob ich nach Zürich gehe.

Auf unsere Art, sage ich. – Art, Kunst, Artus. – Auch Artus meine ich ... Aber eigentlich passt das nicht ... Und trotzdem scheint es zu passen ... Artus zieht das Schwert aus dem Stein in der Legende ... Das Eisen ist gefangen ... Nur eine Idee, mehr nicht. Sie möge dich inspirieren, weil: «Eisenmangel» hast du doch gesagt?!

Herzliche Grüsse

Ben

PS: Und dann noch eine Geschichte aus neuster Zeit bei dieser Gelegenheit: Wir waren ja in Holland in diesem Sommer, wie du weisst. Und dann waren wir noch, je für ein paar Tage, in Arosa, im Schwarzwald, in Basel. Es haben sich Geschichten ergeben, eine heisst «Komische Oper». Ich verweise auf den Anhang und wünsche viel Freude beim Lesen. Beim Erleben wie auch beim Schreiben hat es schon Spass gemacht.

PPS: Und dann hätte ich fast das Buch vergessen, von dem du sprachst. Heisst es «Gut gegen Nordwind»? Und der Autor Daniel Glattauer? Dann kenne ich es schon. Hat mir gefallen. Oder hast du für mich eine andere Geschichte bereit?

PPPS: Und noch etwas fällt mir ein, das ich dir unbedingt weitergeben will. Die schönste Todesanzeige, die ich mir vorstellen kann, ist mir gestern in der Sonntagszeitung begegnet. Die Besitzer, Autoren und Mitarbeiter des Diogenes Verlags schreiben: «Wir trauern um unseren Verleger.» Dann lassen sie Federico Fellini sprechen, dessen Werke, in der deutschen Übersetzung, bei Diogenes erschienen sind. Fellini also sagte: «Eigentlich bin ich optimistisch, denn schliesslich wird der grosse Mythos von dem Menschen, der einem anderen eine Geschichte erzählt, nicht so schnell verschwinden. Immer wieder wird jemand das Bedürfnis haben, einem Freund eine seiner Ideen, einen seiner Träume zu erzählen.» – Das ist es, was ich will, habe ich, als ich es las, gedacht. Ich will und kann auch meinen Beitrag zum grossen Mythos leisten, von dem Fellini sprach. – Und du? Dich hat er doch auch gemeint? – Aber was stelle ich dir diese Frage?! Eigentlich ist es doch klar. Eigentlich.

PPPPS: Es hört nicht auf mit den Gedanken, sie kommen, kommen, kommen. Bei «Erde an Scotty» ist jetzt alles klar. Die passenden Namen haben sich über den Sommer ergeben. Aus Ben wurde Bruno, aus Maren Hannah, aus Frank Stefan, und aus Rosa habe ich Claudia gemacht. Und Lena heisst jetzt Linda, David heisst Hannes, und aus der «Leben & Bewegen» wurde «Lebensqualität». Ich hätte nie gedacht, dass es mit fremden Namen noch viel schöner klingt. Wenn ich jetzt die Geschichte lese, kommt es mir so vor, als hätte sie nur darauf gewartet, dass ich dafür noch die passenden Namen finde. Hannah passt perfekt zu dir, weil es «Gott ist gnädig» bedeutet. Ein grosses Wort, ich weiss. Aber du kennst mich ja, du weisst, wie mir die grossen Worte gefallen. – Und im Anhang, wie gesagt, noch meine neuste Geschichte, die in der Herbstausgabe der «Leben & Bewegen» erscheint.

Komische Oper

Das geflügelte Wort von den «Gnomen von Zürich» habe der britische Premierminister James Harold Wilson in den Fünfzigerjahren des letzten Jahrhunderts geprägt, sagt man. Wilson erzürnte sich über die Zürcher Banker, weil sie mit Spekulationen die britische Währung drückten. Das kommt einem bekannt vor in Zeiten der allmächtigen Märkte. «Die Märkte reagieren.» – «Die Märkte wollen.» – «Der Markt tut dies und das.»
Ich mag es nicht mehr hören. Gnomen handeln unerkannt, sind hässlich und horten Schätze im tiefen, dunklen Berg, und keiner weiss, wie ihnen beizukommen ist. Keiner kennt sie wirklich.
Das war einmal. Aber heute weiss man, wo die Gnomen wohnen. Zürichs Gnomen haben einen Sitz. Sie sitzen an der Bahnhofstrasse auf der Bank. Ihr Blick geht weit, und bei guter Sicht sind die Berge nah. Das sind die Glarner Alpen. Ihre Hausberge, wie sie in Zürich sagen. Ihr liebster Berg steht mittendrin, der Berg heisst Vrenelisgärtli. Das Gärtli ist, von nah beschaut, ein immenser Garten.
Der Berg hat eine Geschichte: Es war einmal vor langer Zeit eine mutige junge Frau, die Verena hiess. Sie will zuoberst auf dem Berg ihren Garten pflanzen. Das darf sie aber nicht, weil da die Götter wohnen. «Das ist Gott versucht», warnen sie die Menschen im Tal. Verena, unbeirrt, macht sich auf den Weg, und sie stülpt sich, als es zu schneien beginnt, einen Käsekessel über den Kopf. Das wird ihr zum Verhängnis. Die schwere Schneelast drückt und drückt, bis Verena im eisigkalten Grund versinkt und für immer darin verschwindet. Der Schnee aber bleibt, er

bleibt Jahrhunderte lang. Das mächtige, ewigweisse Feld gehört fortan zum Panorama von Zürich. – Es hat dazu gehört. Seit ein paar Jahren zeigt sich das breite Gipfelfeld nämlich kahl im warmen Sommer.
Es war einmal, das heisst – meine Frau und ich bezeugen es –, es hat sich zugetragen: Wir waren zum Wandern in Arosa ein Wochenende lang. Zwei Wasserfälle waren unser Ziel an einem heissen Tag. «Zum kleinen Wasserfall» zur Linken wies man uns den Weg und in die andere Richtung «Zum grossen ...». Wir gingen links, der Weg war kurz, zwei Familien waren schon da. Sie hatten Gewagtes im Sinn. Ich selbst ging nahe an das Wasser, so nahe, wie es ging, ohne nass zu werden. Mir war schon reichlich kalt, der Wasserfall machte Wind. Nun waren die Väter mit ihren Töchtern dran. Vom Platz am Fels, beim Wasser an der Seite, wo ich nur kurz verweilte, gingen sie noch ein paar Schritte weiter. Ein kleiner Junge blieb bei der Mutter zurück. Die Mädchen schauten zu, was ihre Väter machten, und folgten zögernd nach ins eisigkalte Nass. War das ein Schreien und Jauchzen, vor Freude und vor Schreck. Hut ab! Mutig! Ich hätte es nicht gewagt.
«Zum grossen Wasserfall» ging unser Weg dann weiter. Rechts zuerst, dann wieder links, hinein in eine steile Flanke. Wir stiegen auf und auf und fragten uns nach einer Weile, wo denn das Wasser blieb. Wir sahen den Bach nicht mehr, wir hörten nur sein Rauschen. Nach etwa einer halben Stunde meinte meine Frau: «Für mich ist es jetzt genug, ich kehre um.» So ging ich allein den Rest und kam auf einer Aussichtskanzel an. Ich befand mich vis-à-vis vom Wasserfall auf der anderen Seite der Schlucht, und am Weg vor mir, an exponierter Stelle, stand eine Bank. Der Mann und die Frau, die darauf sassen, rückten

ein wenig zur Seite, und die Frau lud mich ein: «Kommen Sie, setzen Sie sich, Sie brauchen es sicher auch.» Ich lehnte dankend ab. Noch ein paar Schritte weiter wähnte ich die bessere Sicht.

«Sind Sie auch das erste Mal da? Haben Sie den Weg gekannt? Der Aufstieg hier ist happig.»

Lange reden wir nicht. Ich bin in Eile, nehme zuoberst einen Blick und kehre um, um den Leuten auf der Bank noch einmal zu begegnen. Die Frau sagt wieder: «Bitte nehmen Sie Platz», und ich sage wieder: «danke». Ich müsse weiter, unbedingt, ich wolle meine Frau nicht länger warten lassen. Ich wünsche einen schönen Tag und ziehe talwärts los.

Ab der Krete durch den Wald, unter dem Felsband durch, den schmalen Weg entlang, hinüber zur steilen Halde. Ob ich meine Frau von da aus sehen kann? Ich schaue, suche und bin im höchsten Grad erstaunt, als ich sie in diesem Moment meinen Namen rufen höre, oben aus dem Wald.

Wo ich jetzt bin, nur ein paar Schritte weiter, steht wieder eine Bank. Da sitzen wir und rätseln, wie und wo wir auf dem schmalen Pfad aneinander vorbeigegangen sind. Es muss geschehen sein, wo die beiden sassen. Während ich zur einen Seite der Krete auf dem Abstieg war, stieg meine Frau auf der anderen Seite auf. Und als sie mich nicht fand, fragte sie die Leute auf der Bank: «Mein Mann mit weissem Shirt?» An die Kleider erinnerten sie sich nicht. «... Aber graue Haare hatte der Mann, der vor einem Augenblick hier um die Ecke verschwand.» So sind wir noch am Rätseln und meine Frau ist am Erklären, weshalb sie ihren Entschluss doch noch geändert hat, als das freundliche Paar bei unserer Bank anlangt. «Das war jetzt aber witzig», sagt die Frau, «wie in der komischen Oper.»

Bank nach Bank: Auf der Wanderung und auch noch am Tag danach, zuhause in der Zeitung. Die höchste Zürcher Bank, in Stein gehauen, stehe auf dem Vrenelisgärtli, heisst es, sie wurde der Stadt geschenkt. Am Samstag habe die Frau Stadtpräsidentin das gewichtige Geschenk persönlich in Empfang genommen. Sie musste es sich verdienen, der Aufstieg auf den Berg war lang.
Bank über Bank: Die Banken seien zu gross, um sie noch fallen zu lassen. Too big to fail! Das gibt den Gnomen von Zürich und ihren Verwandten weltweit unverschämt viel Macht. Die Banker vergessen schnell. Es ist noch gar nicht lange her, da hat sie der Staat gerettet, und jetzt lassen sie schon wieder ihre Muskeln spielen. Sie haben nichts kapiert, und so bleibt mir noch das Träumen. Ich male mir jetzt aus, wie unsere Frau Ministerin für Banken und Finanzen, mutig wie Verena einst, aufs Vrenelisgärtli steigt. Zwei andere sind schon da, sie rücken ein wenig zur Seite: «Kommen Sie, sitzen Sie, nehmen Sie bitte Platz, Sie können es sicher brauchen.» Und so sitzt und staunt die Frau. Weit weg die grosse Stadt mit ihren grossen ... – Wie klein doch alles wird aus passender Distanz.

Betreff: Passt scho

Hallo Ben, im Südtirol haben die Menschen oft gesagt: «Passt scho.» Genau so ist es mit deinen Zeilen. Es passt, passiert, geht vorbei. Passieren kommt vom Französischen «passer», was ursprünglich durchreisen, durchziehen, durchfahren bedeutet, später dann sich ereignen. Deine Zeilen sind hier durchgezogen wie ein Luxuszug, bedächtig mit wertvollem Inhalt, den es auszukosten gilt.

Liebe Grüsse

Maren

AW: Passt scho

Liebe Maren, danke für deine Antwort. Passt scho! Auch in Österreich und in Bayern sagen sie es so, kurz und prägnant. Als ich es das erste Mal hörte, war ich mit Rosa und David – er war elf oder zwölf Jahre alt – in Patsch bei Innsbruck bei Norbert und Christine Muigg, Maya-Priester in Guatemala und davor Lehrer im Stubaital. «Passt scho» hat mir schon damals gefallen. «Passt scho» macht auch Mut.

Das mit dem Zug gefällt mir auch, das ist mein ideales Tempo. So sollen meine Geschichten sein, wenn sie in den Büchern stehen.

Herzliche Grüsse

Ben

PS: Im Hals löst es sich zurzeit. Der Hals ist der Engpass zwischen Kopf und Herz. Manchmal macht es zu an dieser Stelle, auch dann ist das Schreiben praktisch. Ich kann meine Sache sagen, auch wenn die Stimme versagt.

Betreff: Vortrag in Zürich

Hallo Maren, ich bin dir noch eine Antwort schuldig. Ob ich nach Zürich gehe am Montag, wolltest du wissen. Nein, ich gehe nicht. Der Schamane hat seine Aufgabe schon erfüllt.

Herzliche Grüsse

Ben

Betreff: P.s.

Hallo Maren, noch einmal ich mit einem P.s.: «Passt scho» ist mehr wert als jede neue Lehre oder noch so alte Weisheit. Ist wunderbar, dass du mich daran erinnerst.

AW: P.s.

Hallo Ben, wiederum nur kurz: Ich könnte den Job als deine Muse übernehmen, oder?!

AW: P.s.

Auch kurz: Bin begeistert!

Betreff: Muse

Hallo Muse, während Rosa bei dir einen Kaffee trinkt, fällt mir noch etwas ein. Du musst auch die zweite Geschichte noch kennen, die sich in Arosa ergab. «Ein Loch im Wasser» ist ihr Titel. Diese zweite Geschichte ist nichts für die «Leben & Bewegen», nur für ein Buch dereinst. Zwei Geschichten an einem Tag! Ich machte reiche Beute.

Von unserem Ausflug, kürzlich, nach Basel, muss ich dir auch noch etwas erzählen: Kunst stand auf dem Programm, soweit waren wir uns einig. Ob die «Fondation

Beyeler» oder etwas anderes, liessen wir offen. Rosa schlug dann spontan das Tinguely-Museum vor, und mir war das recht. Du weisst ja, wie viel ich von Tinguely halte. Und so führte unser Weg also am Sonntagmorgen zu Tinguely am Rhein, mitten durch die Stadt. Der Zufall wollte, dass wieder Marathon war. Unser erster Basler Marathon lag fünf Jahre zurück. Damals waren wir die Betreuer von David. Dieses Mal ging es leichter. Kein Mitleiden mehr mit dem Sohn, 42,195 Kilometer lang. Dieses Mal hätte er noch mehr gelitten. Obwohl schon September, war es noch immer heiss wie mitten im Sommer, und so sahen wir an diesem Tag nicht nur Läuferinnen und Läufer, sondern auch Schwimmer in grosser Zahl. Die Basler sagen, sie hätten den längsten Strand der Schweiz. Die Baslerinnen und Basler, wenn sie baden gehen, packen ihre Kleider in einen wasserdichten Sack, der ihnen, mit Luft gefüllt und umgehängt, als Schwimmhilfe dient. Praktisch und bequem das Ganze. Dann steigen sie in den Rhein und lassen sich treiben, ohne jede Anstrengung. Dann steigen sie ans Ufer zurück, sitzen an die Sonne, bis sie trocken sind, ziehen die Kleider wieder an und spazieren nach Hause oder zu einer schattigen Beiz oder zum Velo, zum Auto, zum Tram, zum Bus. Eine wunderbar entspannte Atmosphäre herrscht in Basel am Rhein an einem Sonntag, wie wir ihn erlebten.

Eigentlich, fällt mir jetzt ein, wäre Basels langer Strand ideal, um zu üben, was die Hopi-Weisen meinen: das Schwimmen mit dem Fluss. Und während ich dir schreibe, fällt mir noch etwas ein: Basel scheint überhaupt ein guter Ort für jegliches Üben zu sein. Wie oft fuhr ich nach Basel, Jahr für Jahr ab 1998, um

Schamanen, Heilerinnen und Heiler, Priester jeder Couleur, medial Begabte und und und … zu sehen, zu hören und mich von ihnen berühren, bewegen und faszinieren zu lassen. Den Heiler-Kongress meine ich. Es war jeweils schon November und also zu kalt, um noch im Rhein zu schwimmen. Mein Üben fand aus diesem Grund in den Messehallen statt. Aber eigentlich war es das Gleiche, denke ich, das auch die Schwimmer machen an Basels langem Strand. – Und, wie gesagt, die zweite Geschichte, die sich in Arosa ergab, musst du auch noch kennen. Ich schicke sie dir mit.

Herzliche Grüsse

Ben

Ein Loch im Wasser

Christian Strasser heisst der Mann. Ich kenne ihn nicht wirklich, aber trotzdem ist er mir vertraut. Ich habe sein Buch gelesen: «Das erwachende Bewusstsein – Aufbruch in die neue Zeit». Der Mann hat Karriere gemacht im weltweiten Buchgeschäft. Er war ein Topmanager in seiner Branche. Er besass auch eigene Verlage. Er hat das Leben von Wirtschaftsbossen, hochrangigen Politikern und von Stars der Medienwelt von Nahem miterlebt. Jetzt hat er genug vom Immer-mehr, aber Bücher macht er weiter. In seinem Kleinstbetrieb stellt er Bücher her, deren Inhalt ihm wichtiger ist als der Profit. Seine eigene Geschichte, die im letzten Jahr erschien, ist ein eindringliches Plädoyer für einen fundamentalen Wandel im Wirtschaften auf dieser Welt: zusammen und miteinander, statt kämpfen bis aufs Blut.

«ICH HABE VERTRAUEN UND ICH HABE GUTEN GRUND DAZU» steht hinten auf dem Buchumschlag, als Kaufargument. Für einmal ist es jedoch mehr, und trotzdem: Verkaufen will auch er. Denn auch ein geläuterter Autor lebt nicht vom Geist allein.

Autor, Verleger, Bauer: Wer mehr Gemüse zieht, als er und die Seinen essen, fährt damit auf den Markt. Der Markt ist praktisch, weil ich dort kaufen kann, was mein Herz begehrt. Ich kaufe Brot und Fisch. Ich kaufe Fleisch und Wein, Käse, Gemüse, Früchte, und ich kaufe bei Gelegenheit auch Vertrauen ein.

Der Käufer kauft, was er nicht selber wachsen lassen kann, weil er den Platz dafür nicht hat, auch nicht das nötige Wissen, Können und Geschick. Ich vertraue dem

Mann und der Frau hinter ihrem Stand und sage herzlich danke, wenn mir ihre Früchte munden.
Mein Bauer mit dem Buch, das mir Vertrauen schenkt, sitzt im fernen München. Wenn ich ihm danke sage, dann tu ich das per Mail: «Sehr geehrter Herr Strasser, gerade jetzt habe ich ‹Das erwachende Bewusstsein› gelesen. Ein wertvolles Buch ohne Zweifel, weil es Brücken baut. ‹Von allem, was der Mensch baut und aufbaut, gibt es nichts Besseres und Wertvolleres als Brücken› (Ivo Andric). Dem schliesse ich mich gern an und bedanke mich für die Inspiration, die Sie mir als Leser schenken. – Und apropos Brücken: Ob Sie sich vielleicht erinnern, dass ich Ihnen vor einiger Zeit ein Manuskript zur Publikation anbot? Wahrscheinlich nicht. Sie lehnten höflich ab, mein Schreiben ging trotzdem weiter. Zwei neue Manuskripte liegen jetzt bereit, um zum Buch zu werden. Und dann schreibe ich auch Geschichten für eine Zeitschrift, die ‹Leben & Bewegen› heisst. Die Auflage ist bescheiden, aber wichtig ist das nicht, weil, was die Leser denken und fühlen, wie auch der Schreiber selbst, unbesehen der Menge, das grosse Ganze erreicht, von dem auch Sie erzählen. Mein Schreiben ist nicht spektakulär, aber trotzdem ist es wertvoll. Es ist mein Beitrag zum ‹Aufbruch in die neue Zeit›. Das ist dann der Ausdruck meiner Gabe. Ein jeder und eine jede, sagen Sie, habe seine, ihre Gabe, die wichtig sei für die Welt. Gerade weil mein Beitrag klein ist, ist er geeignet, andere anzuregen, auch ihren Beitrag zu leisten. ‹Kleinvieh macht auch Mist.› Ich meine das nicht despektierlich. – Was Henry David Thoreau vor langer Zeit schon sagte, begleitet mich, seit ich es las, Bücher wirken nach: ‹Was vor uns liegt und was hinter uns liegt, sind Kleinigkeiten im Vergleich zu dem, was in uns liegt, und wenn wir das, was in uns liegt, in die Welt

hinaustragen, geschehen Wunder.› – Hat das nicht auch mit dem zu tun, was ich bei Ihnen lese? Ich stelle Ihnen gern im Anhang meine Geschichte ‹Platz der Freiheit› zu, die in der Herbstausgabe der ‹Leben & Bewegen› erscheint. Dass auch diese Geschichte eine Brücke baut, bin ich mir ganz sicher. Wohin der Weg auf der anderen Seite führt, das ist dann die Frage.»
Ich schrieb es am Freitagabend, nach getanem Werk, und buchte dann, weil das Wetter vielversprechend war, in Arosa für meine Frau und mich ein Zimmer. Wandern und entspannen ein Wochenende lang und der Sommerhitze entfliehen.
«Wenn Sie auf unserer Webseite sind, dann klicken Sie auf ‹Zimmer›. Dann weiter zu ‹Aroma Zimmer›, und dort auf ‹Bergruhe› oder ‹Symbiosis›. Eines von diesen beiden können Sie haben, beide nach Süden und mit Balkon.» – «‹Bergruhe› tönt schön, aber das Geweih über dem Bett ... ich weiss nicht ... Meine Frau wäre auch nicht begeistert.» – «‹Aroma› in diesem Fall hat übrigens nichts mit Düften zu tun», hat die Frau auch noch gesagt. «Die ‹Aroma Zimmer› sind im Rahmen eines Betriebsausflugs von ‹Aroma Productions› entstanden, im Sommer 2003. Das ist eine Zürcher Firma, die Messestände, Ladeneinrichtungen und Schaufenster plant und baut. Sie entwickeln auch Markenkonzepte und machen noch einiges mehr. Die Mitarbeiter dieser Firma hatten bei uns nicht nur eine schöne Zeit, sie wurden auch gefordert. In nur 36 Stunden, in einem Wettbewerb, sollten sie kostengünstig und mit einfachsten Mitteln vier Zimmer neu gestalten. Das Ergebnis sind die Zimmer ‹Symbiosis›, ‹Blue›, ‹Bergruhe› und ‹Philosoph›.» – «Philosoph» hätte ich gern gehabt, war aber schon vergeben. So nahm ich halt «Symbiosis».

Am Sonntag auf dem Balkon, in der frischen Morgenluft, nehme ich die Zeitung zur Hand. Ich lese, und ich staune: «Aroma»! Ein Tag zuvor, plus ein paar wenige Stunden, das erste Mal davon gehört und schon in meiner Zeitung, sogar auf der Seite 1: «Zürichs Kreative. In Neu-Oerlikon arbeiten junge Firmen wie ‹Freitag› und ‹Aroma› neu unter einem Dach.» Eine Reportage dazu im Feuilleton, und auf der gleichen ersten Seite: «Tourismus: Arosa und Lenzerheide wollen ihre Skigebiete fusionieren. Neue Lifte werden gebaut.» Was anderen bloss ein Zufall scheint, ist mir eine Fügung. Was will mir die Fügung sagen? Ob sie nur Beigemüse ist, in diesem Fall, zu dem, was diese erste Seite an diesem Tag beherrscht? «Symbolpolitik gegen die Krise», vier Spalten breit, und eine Zeichnung dazu mit Witz. Ein Schiff, das «Wirtschaft» heisst, den Bug schon tief im Wasser. Die Schraube und das Ruder ragen in die Luft, und auf einem Ballon, ans Heckgeländer gebunden, steht «Konjunkturmassnahmen» drauf. Kein Grund zu glauben, dass es wirklich hilft.

Es gäbe den schönen italienischen Ausdruck «fare un buco nell'acqua», sagt der Journalist, der auch Italien kennt. Nur dieses Mal meint er alle: die EU, auch Merkel und Sarkozy. Auch die USA und nicht zuletzt auch die Schweiz: die Nationalbank und unseren Bundesrat. «Ein Loch ins Wasser graben», sinnlos zwar, aber manchmal hilft es doch. Die Verunsicherung sei total. Nichts gelte mehr, was vor gar nicht langer Zeit noch unanfechtbar war. Und mir wird dabei klar, was es für mich bedeutet: Wenn an diesem Ort zu dieser Stunde «Aroma», «Fusion im Skigebiet, wirtschaftlich aufgezwungen» und die weltweite Krise in meiner Zeitung prominent zusammenkommen, dann geht es um die Geschichte, die sich hier und jetzt ergibt. Dann geht es nun darum, dass ich – das ist dann meine Gabe – mein Loch ins Wasser grabe. Wer weiss, wofür es hilft?!

Betreff: Geld und Geist

Hallo Maren, du spürst es sicher auch, dass ich wieder intensiv an einer Geschichte schreibe, die, wenn sie reif ist, zur Buch-Geschichte wird. «Buchwerdung» nenne ich das. «Buchwerdung» ist mein Bestreben, Geld und Geist zu verbinden. Meine Geschichten, die zur Handelsware werden, sollen ihr Publikum finden und sollen Ertrag generieren. Du weisst, dass das mit dem Ertrag auch immer wieder ein Thema ist für mich. – Ein Thema für uns, will ich sagen.

Ich weiss, ich bin ein Träumer. Eigentlich gibt es ja noch immer keinen vernünftigen Grund, von meinen Büchern zu reden. Wenn ich es trotzdem tue, dann ist das verrückt, vermessen oder was auch immer, auf jeden Fall nicht vernünftig. Und doch ist es richtig, dass ich es tue, weil aus Träumen Wirklichkeit wird. Wie das geschieht, weiss keiner, aber viele erklären es uns. Oder sie *wollen* es uns erklären. Wollen täte ich auch, aber können tu ich nicht, weil: Bevor mir eine Erfahrung zu einer Erklärung gerinnt, ist die nächste Erfahrung schon da, dann belasse ich es beim Erzählen.

So musst du wissen, dass der Mann in München, der, geläutert und abgeklärt, seinen Kleinstverlag betreibt, mich zwar beeindruckt hat. Was seine Theorien anbelangt, halte ich es aber mit ihm wie mit den Schamanen und Heilern, mit den Priestern und den Lehrern. Ich lasse seine Theorien *seine* Theorien bleiben, seine Geschichte ist trotzdem schön. Ich mag das Geld nicht verteufeln. Die bitteren Seiten des Geldes haben *sein* Leben geprägt, nicht das meine. Und eigentlich, wenn er mit sich und den Lesern ganz ehrlich wäre, müsste er auch sagen, dass er sich die Freiheit, die er jetzt geniest, nur erlauben kann, weil er Jahrzehnte lang gut verdiente. Zwischen gut und zu viel liegen Welten. Das gute Leben ist nicht das Problem, das Übel liegt in der Gier. Und so träume ich jetzt davon ... Aber wie gesagt: Eigentlich gibt es keinen vernünftigen Grund für solch unrealistisches Träumen. Aber andererseits: Waren Träume schon je einmal real? Wahr werden sie trotzdem.

Herzliche Grüsse

Ben

Betreff: Exkursion

Hallo Maren, «zurück auf Feld 1!», bin ich versucht zu sagen. Das ist es aber nicht, weil, wie du siehst, «Exkursion» kein Fragezeichen mehr hat. Also ähnlich, aber nicht gleich wie letzte Woche. Ich gehe nun doch nach Zürich. Es gibt nichts, was dagegenspricht. Auch der Vortrag von heute passt. Ich empfinde es als mein Glück und meine Chance, einem Menschen zu begegnen, dem der Spagat zwischen dem Alten und dem Neuen gelingt. Und ich habe erkannt in diesen Tagen, dass mir das Heilen noch immer viel bedeutet, auch wenn die Geschichten in den Vordergrund rücken allmählich.

Ich lese einen Roman zurzeit, in dem es um eine an Krebs erkrankte Frau geht. Da wird alles aufgefahren, was die Medizin verfügbar hat: Messer, Gift und Strahlen. Es ist ein unsägliches Leiden. Wohin es führt, weiss ich nicht, ich kann es jedoch ahnen. Und dabei denke ich: Das kann es doch nicht sein! Das ist Krieg! Auch das Vokabular entspricht dem der Militärs: angreifen, kämpfen, besiegen. Bei der Strahlentherapie wird der Krebs sogar beschossen. Dabei geht es um menschliches Leben! Das sind doch nicht wirklich echte

Errungenschaften. Irgendwie kommt es mir vor wie das uralte Austreiben der Dämonen – oder des Teufels, oder wie immer wir das sogenannt Böse nennen. Im Einzelfall wird das Ziel zwar erreicht, wenn der Patient robust genug ist, um die Tortur zu überleben, aber im grossen Ganzen?

Vielleicht ist der Wissenschaftler-Schamane von heute Abend einer, der in dieser Hinsicht mehr zu bieten hat. In diesem Sinn gehe ich hin. Ich bin im Zug um 18.03 Uhr, und darum noch einmal die Frage: Bist du auch dabei?

Herzliche Grüsse

Ben

AW: Exkursion

Lieber Ben, du merkst, ich bin im Moment nach aussen hin nicht so aktiv. Zu viel läuft innen und bedarf meiner Aufmerksamkeit.

Heute Abend bin ich nicht dabei. Rund herum herrscht Jahrmarkt. Ich lausche dem fröhlichen Treiben, dem lauten Lärmen der Menschen, dem dumpfen Bass aus dem Dschungelfieberland, und alles mutet archaisch-schamanisch an, bis gegen fünf Uhr morgens die Letzten heimwärts torkeln. – Ich bin dann gespannt, was du zu erzählen hast.

Liebe Grüsse

Maren

AW: Exkursion

Hallo Maren, kein Problem für mich. Ich habe ja selbst auch immer wieder solche Zeiten. Auch das Mailen mit dir ist eine Art, mich zurückzuziehen. Ich bewege mich auf vertrautem Terrain, das mir zugleich erlaubt, mich selber zu entdecken.

Dass du dein Zurückgezogensein mit dem Jahrmarktsrummel verbindest, hat mich im ersten Moment erstaunt. Dann habe ich es verstanden, es ging mir gestern ähnlich. Ich sass im Garten und liess den Trubel wirken, das Schwingfest ennet der Strasse. Ich habe mich gewundert, dass vom Festplatz, auf dem es mit Schwingen, Jodeln, Alphornblasen und Ländlermusik um die traditionellen Formen in erster Linie ging, die tiefen Bässe herüber wummerten, wie sie mittlerweile, in der Stadt und auf dem Land, an jeder Party unverzichtbar sind. Als ich dann selbst einmal über das Festgelände ging, erkannte ich, dass der wilde Mix von Überliefertem und von Neuem am Ort des Geschehens kaum wahrzunehmen war, das Schulhaus stand dazwischen. Zur einen Seite der laute Bass und die harten Beats und auf der anderen Seite der behäbige Ländlertakt. Nur für uns, die wir in einiger Distanz zum Festgeschehen waren, haben sich die Rhythmen und Klänge vermischt. Es passte schlecht zusammen. Das Alte wie eh und je, und das Neue vor allem laut. Die Musik, die über den Bässen spielt, hörst du ja kaum, solange du nicht selbst im Bargetümmel bist, die Bässe übertönen alles. Dass auch in diesem stundenlangen Wum-Wum-Wum Archaisch-Schamanisches klinge, sagst du jetzt. Ich hätte das Archaische mehr auf der anderen Seite, beim alten Brauchtum vermutet. Danke für deinen Tipp. Und von heute Abend will ich dir dann berichten.

Herzliche Grüsse

Ben

PS: «Bauchtum» schrieb ich zuerst – kein Witz! –, bevor ich korrigierte. Der Unterschied ist kleiner, als man denkt.

Betreff: Reif!

Hallo Maren, fürs Erste nur kurz gefasst: «Wenn die Dinge reif sind, geht es schnell.» Gestern gegen Abend war mir plötzlich klar, dass ich mit diesem Satz mein nächstes Buch beginne. Dann machte ich mich auf den Weg nach Zürich, und dort war es – auch kurz gefasst – zum Davonrennen. Aber ich konnte nicht, ich kam so schnell nicht weg. Über das Warum demnächst in einer längeren Fassung.

Wieder einmal eine Erkenntnis, eine Wiederholung eigentlich, weil ich das Gleiche an anderen Orten auch schon erfahren habe: Im nächsten Jahr, 2012, wird alles anders! Ganz anders! Nur eines bleibt, wie es schon immer war: Die Wissenden wissen, wie es geht und wie es kommt, sie wussten das schon immer. Wirklich, ich sage dir, nicht zum Aushalten! Und trotzdem war es gut, dass ich ausharren musste auf meinem Stuhl zwei geschlagene Stunden lang, denn wäre ich weggekommen, würde ich mir noch sagen, ich hätte etwas verpasst.

Herzliche Grüsse

Ben

Betreff: Dr. Schamane

Hallo Maren, eine lange Version gibt es nicht, es wäre schade um die Zeit. Ich habe meine Schlüsse gezogen, das genügt. Es genügt für mich. Was andere mit dem anfangen, was der Dr. Schamane anzubieten hat, sei diesen anderen überlassen. Er sprach vom Wiedererwachen der weiblichen Kraft auf dieser Welt, und damit hatte er Recht. Er sprach von umwälzenden Veränderungen, die wir entweder als Bedrohung empfinden oder als Chance erkennen. Auch das war gewiss nicht falsch. Und dann sprach er von den Möglichkeiten, das Hirn der Menschen zu reparieren, sodass «ein neuer Mensch» entstehe, und da hörte mein Verständnis auf.

Mein Verstehen hörte auf, weil ich den professoralen Ausführungen während fast zwei Stunden ganz einfach nicht folgen konnte. Vielen im Saal ging es ähnlich. Auffallend laut war das Stühlerücken und das Rutschen hin und her. Ein Publikum, das den Erklärungen mit Verständnis folgt, ist anders. Was die Leute im Saal aber wirklich dachten, weiss ich nicht, weil es zu einem Diskurs über das Referierte nicht kam, bevor ich die Veranstaltung verliess.

Am Anfang erzählte der Mann mit ein paar Sätzen, wie er in jungen Jahren – das war 1973 und danach – auf Recherche für seine Doktorarbeit nach Peru kam. Es nahm ihm den Ärmel rein und er blieb bis heute an der Sache dran. Diese Sache heisst Heilen, wie es die Schamanen der indigenen Völker in Zentral- und Südamerika seit Urzeiten machen. Und diese Sache heisst zugleich moderne Wissenschaft.

Jetzt versuche ich doch zu erklären – ich spüre es –, was gestern Abend geschah. Ich tue, was ich nicht will – genau das will ich nicht – und was ich auch nicht kann, da liegt der Hund begraben. Wissenschaftler machen mühelos aus dem Schamanischen eine Lehre. Zum Wesenskern des Schamanen gehört aber auch die Macht. Der Wissenschaftler destilliert aus dem Schamanischen eine Technik, und dann ... Aber das will ich wirklich nicht. Ich will mich nicht erklären, aber ich spüre, dass ich es muss. Ich muss mir etwas erklären, nur weiss ich nicht warum. Vielleicht weisst du es? Vielleicht hast du eine Idee? Ich spürte gestern Abend, als ich brav in der Reihe sitzen blieb, aber eigentlich gehen wollte, einen gewaltigen Druck. Es zerriss mich fast. Als endlich Pause war, habe ich den Saal fluchtartig verlassen. Es ging dabei um die Macht.

Soweit kenne ich mich inzwischen. Wenn ich einen derart starken Druck auf und in mir spüre, geht es immer um die Macht. Die Macht des Schamanen und die Macht des Wissenschaftlers sind ähnlich absolut, vom Laien nicht zu durchschauen, und Hinterfragen ist nicht erlaubt. Es gibt die Fachleute und die Laien, die Wissenden und das Volk. In mir sträubt sich alles dagegen, diese Teilung hinzunehmen. Soll wirklich eine neue Zeit anbrechen, dann muss sich an dieser Stelle etwas ändern, genau an dieser Stelle. Die Macht des Schamanen in unserer Zeit gehört nicht der Wissenschaft, sie gehört dem Volk. Das Schamanische soll Allgemeingut werden und nicht ein Studienfach. Und in diesem Sinn meine Frage jetzt an dich: Ob es genau so richtig ist, wie es ist? Ob das der unserer Zeit angemessene Weg eines Schamanen ist? Wer die Kraft des Schamanen spürt und doch kein Schamane wird, tut sich und der Welt einen Gefallen? – Sollte es so sein, dann bräuchte der Schamane in mir nur noch ein bisschen mehr Kraft, um dem Sog zu widerstehen. – Und was sagt die Schamanin in dir?

Herzliche Grüsse

Ben

Betreff: Der Stuhl

Hallo Ben, in deiner Mail fielen mir die Wörter «Wissen» und «Stuhl» und «Stühlerücken» auf. Deshalb die folgende Geschichte. Weiss nicht mehr, woher ich sie habe: Du betrachtest einen Stuhl und weisst, dass es ein Stuhl ist. Das wusstest du schon immer. Deine Eltern haben es dir gesagt, als du zu reden begannst. Dann fragst du dich, wo der Baum denn stand, der das Holz für den Stuhl hergab, wer den Baum anpflanzte, wie lange der Baum gewachsen war, wer den Baum fällte, wer den Baum wann und wo verarbeitete, wie der Stuhl an den Ort seiner Benützung kam. Nichts von all dem weisst du. Du kannst höchstens das eine oder andere vermuten. Dann wird der Stuhl in seine Teile zerlegt, und du erkennst kaum noch, wie er einmal aussah. Dann werden aus dem Stuhlbein oder aus der Lehne oder oder oder – es kommt nicht darauf an – Brennhäcksel gemacht. Dann weisst du definitiv nicht mehr, was das einmal war. Und zuletzt bleibt nur noch Asche. Was weisst du nun vom Ganzen? So viel wissen wir.

Einen schönen Abend und liebe Grüsse

Maren

AW: Der Stuhl

Hallo Maren, meine lange Mail ging weg, dann nahm ich deine neue Nachricht zur Kenntnis. Ob das schon die Antwort auf meine Frage war? Ich lasse die Geschichte wirken. Nur eines dazu im Moment: Der Saal gestern Abend war fast voll. Nur wenige Plätze blieben frei, auch einer neben mir. Zuerst glaubte ich, dass das *dein* Stuhl wäre, dass du neben mir sitzen würdest, im Geist und unsichtbar. Im Laufe des Abends kam ich dann aber zur

Erkenntnis, dass du in diesem Fall nur einfach eine Spur gespüriger warst als ich. Der Stuhl blieb Stuhl und leer.

Herzliche Grüsse

Ben

Betreff: Reif

Hallo Maren, «Wenn die Dinge reif sind, geht es schnell.» Das sagte ich gestern Morgen. Dann war ich nach dem Mittag auf dem Gericht an einer Verhandlung. Meine Klientin kam mit einem eingeschienten Finger. Die Strecksehne am Endglied des Mittelfingers an der linken Hand hatte sie sich gerissen, eine langwierige Sache. Sie muss warten, bis die Sehne zusammenwächst, das kann Wochen oder Monate dauern. Bei mir vor ein paar Jahren, an der gleichen Hand am gleichen Finger am gleichen Glied, hat es auch so lange gedauert. Ich erinnerte mich gestern daran, und ich habe meiner Klientin von *meinem* Malheur erzählt. Im Haushalt war es passiert an einem Wochenende. Das habe ihr Arzt auch gesagt, meinte die Klientin, ein solcher Sehnenriss sei ein typischer Hausfrauen-Unfall. Meine Klientin hatte *ihren* Unfall beim Reiten. Irgendwie kam es mir vor wie die verkehrte Welt.

Als ich dann wieder zurück im Büro war, setzte ich mich an den PC, um dir zu meiner Exkursion vom Montag noch ein paar Zeilen zu schreiben. Danach war Feierabend. Ein geruhsamer Abend mit Rosa vor dem Fernseher und dazu ein Glas Wein. Und weisst du, was wir schauten, ausgerechnet gestern? «Die Nebel von Avalon», ein Spielfilm, nach den Romanen von Marion Zimmer-Bradley. Ich habe diesen Film zum zweiten Mal gesehen.

Für Rosa war klar, dass sie nichts anderem – die Auswahl ist ja immer gross – den Vorzug geben wollte, und ich schloss mich gern an. Die Geschichte hat mich erneut berührt, auch wenn es anders war als beim ersten Mal, und erst recht auch anders als damals, als ich die Bücher las. Lesen hält eine Weile an, der Film ist für den Moment. Der Film gestern Abend hat mich auch an den Moment erinnert, als ich selbst in Glastonbury war – in Avalon gemäss der Legende.

Der Film hat in jeder Hinsicht gepasst. Alles passte zusammen, und mir wurde unvermittelt klar, dass ich am Tag zuvor in Zürich halt doch verstanden hatte, was ich verstehen musste. Es geht tatsächlich nicht darum, das Schamanische zur Wissenschaft zu machen. Es geht auch nicht darum, dass nun die weibliche Macht, die Kraft von Mutter Erde, über das Männliche triumphiert. Es geht darum, dass das eine *und* das andere – der Erde- *und* der Himmelskult, um es mit der Legende zu sagen – zueinander finden.

Auch dir und mir sei es also erlaubt, Schamane hin oder her, Avalons Nebel zu durchdringen. Das, liebe Maren, ist das wirklich Neue an unserer neuen Zeit.

«Wenn die Dinge reif sind, geht es schnell.» Das stimmt natürlich schon, ist eine Binsenwahrheit, und doch ist das nicht der Anfang von meinem nächsten Buch. Über Nacht ist bei mir die Einsicht nämlich gewachsen, dass an der Absicht, wie ich sie am Anfang hatte, nichts zu ändern ist. Alles ist stimmig, wie es sich ergab. Wenn die Türen dank «Erde an Scotty» sich öffnen, folgen die anderen Bücher nach: «Flugjahre oder die Reise ins Glück», «Monte Verità – Wie das Wunder geschah» und «Engelberg – Am Ende der Welt», die alle drei vom neuen Avalon künden. Ich weiss, vermessen ist es nach wie vor, dass ich solche Pläne hege. Ich tue es trotzdem und bin wieder einmal froh, kann ich dir davon erzählen.

Herzliche Grüsse

Ben

AW: Dr. Schamane

Lieber Ben, ich versuche, deine Mails der Reihe nach zu beantworten. Zumindest will ich dort eine Antwort geben, wo du mich konkret etwas fragst. Du fragst, was die Schamanin in mir sagt: Sie ist keine Wissende, auch keine Lehrende, sie ist Intuition und Weisheit. Hier könnte man tatsächlich sagen: Es ist eher eine weibliche Kraft, die sich mit all dem Wissen, dem ich mich ausgesetzt habe, über die Jahre verbunden hat. – Eventuell ist das Wissen ja wirklich männlich. – Aus all dem ist die Schamanin entstanden. Sie ist keine Lehrerin und keine Heilerin, sie ist das dazwischen: die Brücke, die Vermittlerin, ein Medium im wahrsten Sinne des Wortes.

Ich glaube aber nicht, dass die Zukunft weiblich ist!!! Sorry, Dr. Schamane! Dieses Polare haben wir gehabt.

Liebe Grüsse

Maren

AW: Der Stuhl

Lieber Ben, «gespüriger» sagst du. Nicht *mehr*, sage ich, nur anders. Spüren kommt ja von «auf der Fährte sein, auf der Spur». Ich habe eine andere Spur verfolgt.

Liebe Grüsse

Maren

AW: Reif

Hallo Ben, *meine* Worte! Gerade schrieb ich es, und schon lese ich es bei dir. Das Männliche und das Weibliche gehen Hand in Hand.

Warum schreiben wir einander noch, wenn wir uns die Antworten vorwegnehmen?? War eine rhetorische Frage!!

Und dann noch einmal einen lieben Gruss, auch an Rosa

Maren

Betreff: Spur verfolgt

Hallo Maren, danke für deine Antworten. Und gut, dass du nur rhetorisch fragst.

Herzliche Grüsse

Ben

Betreff: Avalon II

Hallo Maren, gestern Abend haben wir noch den zweiten Teil der Avalon-Saga geschaut. Es gibt ein trauriges Ende, wie du weisst. Du hast diese Bücher ja sicher auch gelesen. Also Avalons Nebel heben sich ein letztes Mal, nur kurz, bevor Artus in den Armen seiner Schwester stirbt. Kein Durchkommen mehr auf die Insel der Glückseligen, auch für diese beiden nicht. Die letzten Vertreter des alten Kults sind am Sterben, und mit ihnen stirbt das Bewusstsein für die grosse Göttin. Der Gott hat gesiegt. So denkst du und wirst dann doch noch einmal eines Besseren belehrt. Es folgen letzte Bilder nach, ein Epilog sozusagen. Morgaine, die bis Glastonbury kam – am gleichen Ort, aber vor der Nebelwand –, schaut den Menschen zu, die in der christlichen Kirche zur Muttergottes beten, und dabei huscht ein Lächeln über ihr Gesicht, sie hat verstanden. Die Göttin, die auch die Mutter Erde ist, ist nicht wirklich gestorben, sie lebt in neuen Gewändern fort.

Ein schönes Ende. Ein optimistisches Ende in diesem Sinn. Und noch etwas empfinde ich als im höchsten Grad erfreulich. Um einen letzten Blick hinter die Nebel zu erhaschen, erbringt Artus ein Opfer. Er gibt Excalibur zurück, sein mächtiges Schwert. Es ist noch *seine* Idee, dass es das Opfer braucht, aber die Kraft zum Handeln hat der sterbende Held nicht mehr. Handeln muss Morgaine. Mit ganzer Kraft schleudert sie das Schwert in die Luft, dort bleibt es im Filmgeschehen stehen. Es wird für einen kurzen Moment zu einem lichtvoll strahlenden Kreuz, bevor es im Nebel verschwindet. Die Symbolik ist augenfällig: Das Heidnische lebt im Christlichen fort.

Wirklich optimistisch stimmt mich aber der Gedanke, mit dem ich selber den mythischen Faden weiterspinne in die Realität hinein. Excalibur löst sich nicht im Nebel auf, sondern versinkt im See, wo das Wasser rund läuft ohne Ende. Das Wasser im See ist das gleiche, das in der Quelle, im Bach, im Fluss, im Strom und zuletzt im Meer die ganze Welt umfasst.

Artus gibt Excalibur zurück, aber die Macht, die darin steckt, wird nicht mehr im Stein gefangen. Die Kraft des Schwerts ist frei, und Excalibur braucht nicht mehr zu kämpfen.

Und dann will ich dir noch etwas erzählen, was ich selbst erlebte, als ich im Jahr 2003, im Juli, in Glastonbury war. Rosa war auch dabei. Es war eine wundersame Reise, die uns auch nach Stonehenge führte. Davon haben wir dir sicher schon erzählt, vom abendlichen Ritual im

Kreis, als der Touristenstrom sich verzogen hatte. Aber jetzt geht es nicht um Stonehenge, sondern um das, was in Glastonbury geschah. Das Kloster dort, mit der mächtigen Kirche, ist nur noch eine Ruine. Aber was sage ich «nur»?! Du weisst ja, wie prächtig die englischen Ruinen sind. Die Engländer pflegen ihre alten Mauern. Dort also, wo einst die grosse Kirche stand, stehen noch Fragmente der Wände. Integral erhalten ist aber die Unterkirche, sie ist noch immer ein Ziel für die Pilger. Ich bin versucht zu sagen: Was mächtig in den Himmel wuchs, ist den Lauf der Zeit gegangen, der Kultplatz in der Erde ist aber immer noch da. Da unten herrscht eine Andacht wie eh und je, die Menschen spüren das.

Und dort an jenem Tag ergab sich die folgende Geschichte: Ich war schon eine Weile da, in meine Gedanken versunken, als eine Frau, eine Inderin in einem leuchtend blauen Sari, die Treppe herunterkam. Eigentlich war sie einfach eine Touristin, eine wie wir. Für mich aber, in diesem Moment an diesem Ort, trat die Göttin in den Raum, nichts weniger und nichts mehr. Und weisst du, weshalb ich noch so genau weiss, wann wir in Glastonbury waren, im Juli 2003? Weil es die Woche war, in der Roger Federer in Wimbledon seinen Siegeszug begann. Der Fahrer von unserem Bus hielt uns auf dem Laufenden. Stell dir vor, wie das unsere Schweizer Herzen erfreute! Unser junger Held, noch keine zwanzig damals, auf Englands heiligstem Rasen!

Herzliche Grüsse

Ben

PS: Spürst du es auch, dass, was ich hier erzähle, den Geist meiner Bücher atmet, die ich erscheinen lassen will? Erscheinen – ich merke es beim Schreiben – gefällt mir um Welten besser als das profane Publizieren, obwohl es im Ergebnis doch eigentlich das Gleiche ist.

PPS: Und dann zum Schluss noch eine Frage: Ob Artus heute, ohne Zugriff auf das Schwert, wohl Tennis spielen würde?

AW: Avalon II

Hallo Ben, du brauchst meine Antwort nicht.

Maren

AW: Avalon II

Hallo Maren, eigentlich hast du recht, aber trotzdem eine Frage noch zum Schluss, bevor ich mit «Flugjahre» beginne. Fussball ist ja *deine* Leidenschaft, so kannst du mir sicher sagen, ob ich mich täusche. Ich bin mir nicht ganz sicher wegen Englands heiligstem Rasen. In Wimbledon sei er, schrieb ich. Er könnte jedoch auch – du weisst das doch bestimmt – im Wembley-Stadion sein. Nur eine Antwort noch, ich bitte dich darum. Danach ist Schluss. Danach gebe ich Ruhe.

Ich grüsse dich (vorerst) ein letztes Mal und sage danke

Ben

PS: Nun mache ich mich daran, «Flugjahre» neu zu schreiben. Ich selbst bin der, von dem die Geschichte handelt: Bruno Benjamin Heilmann, von allen Ben genannt. Verfremden kommt nicht mehr in Frage. Der Ben bleibt der Ben. Die Rosa bleibt die Rosa. Auch unsere Söhne, der Thomas und der David, bleiben, wer sie sind.

Und auch der Othmar und der Otto, Esther, Josy und Jean behalten ihre Namen. Du lernst sie ein bisschen kennen, wenn du die Geschichte liest. Und dann sind da noch ein paar andere, von denen du nicht viel erfährst, eigentlich fast nichts. Möchtest du mehr von ihnen wissen, dann frag mich ungeniert, aber sei dir auch bewusst: Ich kann dir nur erzählen, wer sie für mich waren auf meiner Reise ins Glück.

II.

Flugjahre

Aus Goethes «Faust»:
Vorspiel auf dem Theater

So braucht sie denn die schönen Kräfte
Und treibt die dicht'rischen Geschäfte,
Wie man ein Liebesabenteuer treibt.
Zufällig naht man sich, man fühlt, man bleibt
Und nach und nach wird man verflochten;
Es wächst das Glück, dann wird es angefochten,
Man ist entzückt, nun kommt der Schmerz heran,
Und eh man sich's versieht, ist's eben ein Roman.

Teil 1:

Heilmann

(im Jahr 2027)

«Es gibt nur eine Pforte: der Sieg, die Verwirklichung, die Beherrschung. Das Scheitern bedeutet Wahnsinn oder Erschöpfung.»
(Mircea Eliade, «Der besessene Bibliothekar»)

«Ja, da kommen wir alle her», sagte der grosse, stattliche Mann, während der Zug sich in Bewegung setzte ... Das war sogleich wieder da, als er die graue Schachtel mit dem bunten Inhalt aus dem untersten Schaft seines Aktenschrankes nahm. Diese letzte Schachtel hatte er sich aufgespart, nun hatte er die Zeit dafür. Es gab keine Rekurse mehr zu verfassen, keine Einsprachen, Klagen, Verträge und keine geharnischten Briefe. Auch Fristen und Termine hatte er keine mehr. Jetzt war er frei. Ganz einfach frei. Aber die Freiheit, die er spürte, war ihm noch unvertraut. Seine Aufgaben hatte er erfüllt. Was jetzt noch kam, waren Zugaben. Kein Müssen mehr, nur noch ein Dürfen.

Ruhigere Zeiten hatte es in den letzten Jahren schon ab und zu gegeben. Die Klienten wurden weniger. Geduldiger wurden sie auch, weil sie die besonnene Art ihres Anwalts schätzten, nicht sein schnelles Handeln. Und sein Partner und Kollege hatte sich schon ein paar Jahre früher in den Ruhestand begeben.

«Heilmann & Partner – Advokatur und Notariat». Vierzig Jahre hatte das kleine, diskrete Schild, mit dem Pfeil darunter, der zum Eingang in die Praxis wies, sein Leben geprägt – und jetzt war Schluss damit. Im letzten Jahr hatte Heilmann seinen Entschluss gefasst, und zum Jahresende hatte er es wahrgemacht. Die meisten Mandate hatte er abschliessen können, und was danach noch blieb, übergab er einer Kollegin, mit der er seit ein paar Jahren den fachlichen Austausch pflegte, wenn sein Wissen nicht mehr dem neusten Stand entsprach oder wenn sie ihn, den alten Hasen, in taktischen Fragen um

Rat gebeten hatte. Zu helfen auf solche Art wäre er auch künftig gern bereit. Und wenn es anders käme ... Auch das wäre ihm recht.

Siebzig würde Heilmann im März, und bis dahin wollte er seine alten Sachen verlesen und wegräumen, was ihm noch wert war, aufbewahrt zu werden. Zwei Wochen bis zum Fest. Zwei ganze Wochen, um sich mit der Schachtel im Schrank noch zu befassen.

Schwer war sie nicht, nicht mehr. Das Gewicht, das er ihr einmal gab, hatte sie verloren über die Zeit, wie auch sein Leben insgesamt an Leichtigkeit gewann. Leicht und beschwingt war sein Gang geworden, während ihn in den Jahren davor eine erdenschwere Last noch auf dem Boden hielt. Wertvoller Ballast war das einst, den Heilmann nicht mehr brauchte, als er nebst dem Fliegen auch zu landen lernte.

«Willkommen auf der Erde.» So hatte seine Frau ihn begrüsst, als Heilmann ihr von seinem Traum erzählte, wie auch von seinem Erkennen, das er daraus zog. «Und nun die fetten Jahre?», fragte Heilmanns Frau, und dabei legte sie ihm, mit einem feinen Lächeln, die Hand auf den Bauch.

«Flugjahre mitten im Leben» würde er zuletzt auf die Schachtel schreiben, wenn er bereit wäre, im Keller zu verstauen, was ihm noch wichtig schien. Ver-lesen, wortwörtlich, das hatte er im Sinn.

Zur richtigen Zeit am richtigen Ort, wie er es vor Jahren das erste Mal erkannte und danach immer wieder. So wusste er auch in diesem Moment, dass richtig war, was er machte. Vieles hatten er und seine Frau gemeinsam, nur ihre Begeisterung für Ägypten, die teilte er nicht. Und wieder ergab es sich – wie schon in jener Zeit, als er mit dem Schreiben begann –, dass sich eines zum anderen fügte. War es einst ihr Trip durch die Wüste, so war es dieses Mal ihre Reise auf dem Nil. Auf dem Strom, der Leben verheisst, von der Mündung bis zum Ziel. Bis an den Ort der Quelle würde die Reise gehen.

Ruhig und entspannt ging Heilmann die Aufgabe an, die er sich selber stellte. Die Chronologie zuerst. So hatte er es immer gemacht, wenn er ein Dossier neu in die Hände bekam. Hernach erst in die Tiefe und das Eingehen aufs Detail.

«Mein lieber Freund ...» Ja, Freunde waren sie wirklich, einander von Herzen zugetan. Auch damals, als sie sich über Jahre nur noch selten sahen – und auch nur hin und wieder ein Anruf oder ein Brief –, wussten sie immer beide, dass der andere an seinem Wirken Anteil nahm.

Warm war's ihm ums Herz, als er Othmars Brief nach Jahren wieder las. Tränen des Glücks zuerst, und ein wenig auch Tränen der Trauer. – Wie vor einem Jahr, als er von seinem Freund und Kameraden das letzte Mal Abschied nahm.

Und dabei hatte alles so nüchtern begonnen. «Herr Kollege», so redeten sie sich an. Sie kämpften mit Worten und schenkten sich nichts. Heilmann, Anwalt erst seit ein paar Wochen, sagte viel, in der ganzen Breite, zur Sache und zum Recht, und das alles nur, um sich vom Kollegen da drüben mit ein paar schnoddrigen Sätzen – «... ist haltlos ... absurd ... ist nichts als Schall und Rauch ...» – von der Bühne putzen zu lassen. Natürlich hatte der Kollege auch anderes noch gesagt, sich auch in rechtlichen Erörterungen für seinen Mandanten ergangen.

Aber gehört hatte Heilmann das nicht, oder er hatte das auf jeden Fall nicht in Erinnerung behalten. Die groben Töne waren es, die ihn erreichten zu dieser Zeit an diesem Ort – die feineren erst draussen vor der Tür.

Gut habe er plädiert. Was er vorgetragen habe, sei bedenkenswert. Ob es das Gericht aber überzeuge? Er wisse nicht ... Man werde sehen ... «Und übrigens, Othmar heisse ich. Sag einfach du, was wir sowieso tun werden, wenn wir uns demnächst bei der Weiterbildung wiedersehen.» Und schon waren sie, eben noch ungleiche Gegner, mitten im vertrauten Gespräch, und Othmar erzählte von sich: «Wenn du das Geschäft kennst, wie ich nach zwanzig Jahren, dann ist es an der Zeit, etwas Neues zu beginnen. Kein Beruf, um darin alt zu werden.»

So war Othmar, der sein Freund wurde und sein Vater hätte sein können. Der Söhne hatte und eine Tochter, die nur wenig jünger als Heilmann selber waren. Kein Mann der leeren Worte. Einer, der das Gericht als Ring verstand und nicht als Bühne für den feinen Klang. Einer, der die Chancen packte. Der nicht suchte und trotzdem fand. Und so liess er sich nicht bitten, als man ihm einen der raren Sessel im Hohen Gericht anbot.

Was zuunterst lag in der Schachtel, kam auf dem Pult jetzt obenauf. Die Briefe hier, daneben die Artikel aus der Zeitung, vergilbt und brüchig geworden. Das dünne Papier für den einen Tag gedacht und nicht für die Jahre danach. Dazu die Tagebücher, aussen in kräftiger Farbe, fein in Leinen gefasst, und innen dicht beschrieben, die Schrift bereits verblasst und mit Zügen, in denen er den Mann im mittleren Alter erkannte, der er vor Jahren war.

Und eines war er sich sogleich bewusst, als er zu lesen begann: Ob es ein Mittwoch war, ein Freitag oder ein Sonntag – der 6. oder der 8. oder der 10. Oktober im Jahr 2005 –, ob es an jenem oder an diesem Tag war, was sich ereignet hatte, war ihm nicht mehr wichtig. Die Geschichten waren ihm geblieben, frei vom Korsett der Zeit, um ihn – der sie schrieb – beim Lesen zu berühren.

Aus lauter Faulheit

Mein lieber Freund
Weil ich einerseits Dir und Rosa meine stenoverseuchte Schrift nicht zumuten kann und andererseits (nicht ernst gemeint) mich vor allfälligen graphologischen Erkenntnissen der Briefleser fürchte, setze ich mich an meinen PC im Büro, um Dir für Deinen Brief zu danken. Auch uns hat der Abend mit Euch gefallen, und wir bedauern, dass es aus lauter Faulheit – ein Privileg unseres Alters – nicht öfter zu solchen Begegnungen und Gesprächen kommt.
Auf Dein Buch bin ich gespannt, und ich ...

Vom Erlebten zu erzählen

Auch das passte gut zu ihm. «Nicht ernst gemeint», nur nebenher gesagt und doch ein wahrer Kern. Der altgediente Richter, der gern, wenn's ums Persönliche ging, seine leise Hemmung mit feinem Witz umspielte.

Vom Buch hatten sie gesprochen – von seinem, Heilmanns Buch –, als sie wieder einmal zum Essen und Trinken und zum unerschöpflichen Reden über Gott und die Welt zusammenkamen. Kein alltägliches Ereignis, wie Othmars Worte zeigten.

«Kein Beruf, um darin alt zu werden ...», wie Othmar sagte, als sie sich das erste Mal sahen. So hätte es doch eigentlich leicht sein müssen, auch vom eigenen Neuen zu erzählen.

Auch Heilmanns zwanzig Jahre, seine ersten, waren vorbei. «In die Wirtschaft will ich. Vom Streiten vor den Gerichten habe ich genug. Ein paar Verwaltungsratsmandate wären mir willkommen. Oder in die operative Führung von einem Unternehmen. Nicht zu gross, um meine Vision vom Wirtschaften miteinander, statt jeder gegen jeden, Wirklichkeit werden zu lassen.»

Leicht hätte sich das gesagt, und Othmar hätte ohne zu fragen verstanden. – Aber Heilen? Er? Heilmann?! Ein Witz bei diesem Namen und nur schwer zu vermitteln, was er selbst noch kaum verstand. So war es ihm mehr als recht, dass es eine Weile dauerte, bis sich eine Gelegenheit ergab, um dem Freund vom Erlebten zu erzählen.

Es hat perfekt gepasst

Gestern Abend in Brunnen im Theater. «Täll» mit ä, in Mundart. Das Stück von Schoeck, nicht das berühmte von Schiller. Der Autor von Brunnen. Das Spiel in Brunnen. Hier wurde der Bund der Eidgenossen geschlossen. Da kamen Brief und Siegel dazu, nicht drüben über dem See, wo Schillers Mannen wirkten.

Erich stand auf der Bühne. Er hätte mich nicht mehr erkannt, sagte er, als ich ihn nach der Aufführung draussen im Foyer begrüsste. Beide sind wir nicht mehr die Gleichen wie in jener Zeit, als wir zusammen auf der politischen Bühne standen.

Und noch ein Bekannter war da, den ich lange nicht mehr sah. Mit Philipp, der wie ich im Publikum sass, bin ich zur Schule gegangen. Er blieb am Ort der Schule und wurde ein Bankfachmann. Und ich zog ins Dorf, nach meinen Studienjahren, wo er seine Kindheit verbrachte. Es hat perfekt gepasst.

Nach Hause zurückgekehrt

Eine unruhige Nacht liegt hinter mir. Um halb vier bin ich erwacht und habe im Buch gelesen, das ich gestern Abend spät wieder einmal in die Hände nahm: «Die Botschaft des Meeres» von Sergio Bambaren. «May your dreams come true», hat mir der Autor als Widmung ins Buch geschrieben, als ich ihn vor Jahren an einer Lesung traf.

Wir haben den Abend genossen. Unser Besuch bei Josy und Othmar, der vor ein paar Wochen schon hätte stattfinden sollen. Josy war krank, weshalb sie absagen mussten. Am Freitag war nun Othmar dran mit einer Erkältung. Wir sollten trotzdem kommen, meinte er, er müsse ja nicht kochen. In seinem Alter gäbe es immer etwas, das ihn von einem geselligen Abend abhalten könnte, wenn er jedem Zipperlein Beachtung schenkte.

So war das Thema gegeben, als wir zu Tische sassen: Krankheit und Beschwerden im Alter. Was das Leben halt mit sich bringt, wie Othmar lakonisch meinte. Von den Kindern und Grosskindern erzählten sie auch.

Von den beiden Söhnen. Der eine in den Fussstapfen des Vaters. Der andere ein Arzt. Viel erzählt haben sie auch von Judith, ihrer Tochter, die in München Musik studierte und dort ihren Peter traf, der Heilpraktiker in Ausbildung war. Eine Schule, die es in der Schweiz noch nicht gab. Zurück dann in Peters Heimat, wo sie sein Elternhaus erwarben. Ins «Dorf der Camenzinden», wie Othmar spassig meinte und mit Verweis auf den literarischen Ursprung. Ein berühmter Schwiegersohn: «Peter Camenzind», Hesses Frühwerk. Nur wenige könnten sich auf einen Chronisten berufen, den man weltweit kennt. Von dem, was Peter jetzt macht, hat Othmar erzählt. Er verstehe es nicht, aber Erfolg habe er schon, soweit er das sehe. Ums geistige Heilen ging es.

Ein Wort gab das andere, und mir war die Gelegenheit willkommen, um auch von meinem Heilen und vom Schreiben zu erzählen. Worauf mich Othmar fragte: «Sachbuch oder Roman?»

Auch von Irland haben wir erzählt, von unserer Reise im Sommer. Othmar stand auf vom Tisch und holte ein altes Reisemagazin. Irland war darin das Thema. Die Bilder noch schwarz-weiss-grau. Auch Josy und er hätten einmal nach Irland reisen wollen, angeregt durch dieses schöne Heft. Sie seien aber nicht gereist, weil die Krankheit dazwischen kam. Sein Krebs hat sich in jener Zeit das erste Mal gezeigt. Immer wieder wird Othmars Reden vom Husten unterbrochen. Seit Juni letzten Jahres, als die Beschwerden wieder da waren und er sich von Neuem behandeln lassen musste, habe er die Probleme mit den Bronchien.

Vom «Tell» sprachen wir auch. Gefeiert in diesem Jahr. Das berühmte Stück von Schiller, drüben auf dem

Rütli. Ein prächtiger Abend, wie Othmar und Josy erzählten. Alles habe gestimmt. Auch das Wetter spielte mit, und der See und die Berge waren die traumhaft mächtige Kulisse.

Und unser «Täll»? Die Geschichte in den Grundzügen gleich und zugleich auch anders: In Brunnen handelt das Spiel, in der Sust am See, wo die Reisenden Halt machten und das Schiff bestiegen, als es den Fahrweg unter den Felsen noch nicht gab. Der Tell und der Landvogt treffen noch einmal zusammen, nachdem die Flucht gelang. Sie verhandeln, Gessler spielt falsch, und die Geschichte nimmt ihren Lauf. Der Tyrann fällt unter dem Geschoss des Helden, und der Aufstand in den Tälern um den See ist nicht mehr aufzuhalten.

Der See und seine Arme, um die sich die Geschichte rankt, der Mythos für unser Land. Nicht umsonst hat der Ort seinen Namen erhalten: Die Übereinkunft der Freien. Der Brunnen, der niemals versiegt.

Und bevor wir gehen, zu vorgerückter Stunde, kommt Othmar noch einmal auf den «Peter Camenzind» zu reden. Nimikon, sagt er, heisse bei Hesse das Dorf, wo die Hälfte oder mehr den Namen seines Protagonisten trägt. Hesses Peter kehrt heim nach Jahren der Wanderschaft. Nach Nimikon, was klingt wie nirgendwo. Es kann irgendwo geschehen. Der Zurückgekehrte wird, was er war, ein Nimikoner ganz und gar. Ihr Peter sei Gott sei Dank anders, meint Othmar. Mutig, Hut ab! Zurückgekehrt und doch sich selbst geblieben.

Mein lieber Freund
Weil ich einerseits Dir und Rosa meine ... und wir bedauern, dass es ... nicht öfters zu solchen Begegnungen und Gesprächen kommt. Auf Dein Buch bin ich gespannt, und ich – sicher auch Josy – würde es gerne lesen, unabhängig davon, ob Du einen Verleger findest. Dass Du einen findest, hoffen wir.
Unter dem von Dir gewählten Arbeitstitel kann man sich zwar einiges vorstellen, aber einordnen kann man das Buch damit noch nicht. Das gesuchte Licht war wahrscheinlich nicht immer so strahlend wie am Ende, sondern gelegentlich auch ein Irrlicht, diffus oder gar schmerzend. Mit der Veränderung des Lichtes ist sicher auch eine Entwicklung oder sogar eine Spannung verbunden, was ein sogenanntes Sachbuch durchaus in die Nähe eines Romans rücken kann. Aber Du hast natürlich recht: Diese Unterscheidung ist bequem, sagt aber nicht viel aus.
Ich las gerade das Buch «Und was machen Sie beruflich?» von Rolf Dobelli, einen Roman, der auch Elemente eines Sachbuches enthält, ohne dass die Spannung verloren ginge. Und wenn ich sagte, ich läse eigentlich keine Sachbücher, so stimmt das so auch nicht. Aber einen guten Roman lese ich in einem (kürzeren oder längeren) Zug durch, ein Sachbuch – auch ein interessantes – lege ich in der Regel nach einem Kapitel weg in der Absicht, es bald einmal wieder zur Hand zu nehmen, und oft bleibt es trotz bester Absicht (?) liegen.
Vielleicht hängt dieses Handeln mit der juristischen Arbeitsweise zusammen, die Du ja bestens kennst. So oder so werde ich Dein Buch «in einem Zug» lesen ...

Gestern ein Anruf bei Jean. Die Sache kommt ins Rollen. Es geschieht so viel, dass ich im Moment nur Bruchstücke aufschreiben kann: Meine Wanderung zum Sihlseeli und dort am Weg der Stein mit einem kreisrunden Loch. Und der Platz mit dem Namen «Mutterort». Die Quelle der Sihl. Die vermeintliche Quelle vielleicht. Oberhalb fliesst noch immer ein Bach. Am Ort, wo sein Wasser dem Boden entspringt, war ich bis jetzt noch nicht. Und dann das Geschehen mit Vater. Seine Rücknahme der Macht. Sein Entscheid, was er jetzt will.

Und wenn das Leben auf dieser Erde nichts anderes als die Schule des Willens ist? Unser Wille geschehe? Mein Wille geschehe? Der Wille als Anlass und Auslöser von Freud und Leid? Und das Wesen in mir ohne Anfang und ohne Ende? Was anfängt und was endet, ist dann diese Phase des Willens? Liegt es deshalb an uns, die Wesen in anderer Form, wie immer wir sie nennen – Engel, Götter, Geister –, um Hilfe anzurufen? Müssen wir wollen, dass die geistigen Helfer uns helfen? Ich will auf jeden Fall, dass mir der verstorbene Verleger, von dem Jean sprach und der mein Schreiben verstanden hätte, von drüben zur Seite steht. Was dem einen sein Engel, ist mir mein Verleger im Jenseits. Und sollte er nicht helfen ... Aber er hilft mir doch bestimmt.

Rita, einer Kollegin aus den frühen Buchhändler-Zeiten, gab Jean das Manuskript zu lesen. Ein Geburtsleiden plagt Rita schon ihr Leben lang. Ärzte und Heiler zuhauf habe sie schon erlebt. Die Richtige sei sie, um Form und Inhalt zu prüfen. Gerade heute habe er eine Mail von Rita erhalten.

Betreff: Dein Bruder
Lieber Jean, ich habe das Manuskript sehr gerne gelesen. Es kommt mir Warmes, Sorgfältiges, Liebevolles entgegen. Ich würde deinen Bruder gern kennenlernen. Für mich ist es eine Selbstfindungsgeschichte in Prozessen. Ich glaube, dass jede Selbstfindungsgeschichte, die so sorgfältig angegangen wird, zum Heilen führt. Jeder Mensch, der sich heilt, heilt auch andere. Jeder Mensch, der andere heilt, heilt auch sich selbst. Wer liest es?, habe ich mich gefragt, oder wem würde ich es empfehlen? Menschen, die diesen Weg gehen, ihm nicht trauen, Mut brauchen ...

Geld und Geist

Lieber Othmar
Ein Privileg ist sie schon, diese Faulheit, von der Du sprichst. Aber auch für mich, in meinen «jungen Jahren», nehme ich sie ab und zu in Anspruch. So war ich bis jetzt einfach zu faul, um mich intensiv mit dem PC zu befassen. Ein paar Grundkenntnisse sind da, mehr nicht. Die Handschrift fällt mir noch immer leichter.
Ein Exot unter den Anwälten, ich weiss. Ein Exot nicht nur in dieser Hinsicht. Mehr dazu im Manuskript, das ich Dir schicke.
Spannend ist es, wie jetzt im Gespräch mit meinem Bruder und mit anderen Bücher-Menschen – oder soll ich sie «Buchmacher» nennen? – die wirtschaftlichen Aspekte ins Spiel kommen. Geld und Geist halt eben, wie sie zusammengehören ...

Im Zahlenbuch über das heutige Datum gelesen und auf die folgenden Sätze gestossen: «Was vor uns liegt, und was hinter uns liegt, sind Kleinigkeiten im Vergleich zu dem, was in uns liegt, und wenn wir das, was in uns liegt, in die Welt hinaustragen, geschehen Wunder.» Henry David Thoreau, dem berühmten Visionär aus dem Amerika des 19. Jahrhunderts, werden diese Sätze zugeschrieben.

Am Freitag ein Anruf bei Jean. Wieder über das Buch gesprochen. Von Rita habe er noch einmal gehört. Ob meine Geschichten nicht zu intim wären, um publiziert zu werden, habe Rita gefragt. Fürs Erste widersprach ich. Was ich geschrieben habe, komme ihr einfach zu nah, hielt ich entgegen. Es berühre das Intimste in ihr, und dagegen setze sie sich zur Wehr. Genau das sei es aber, was ich wolle: die Leser aus der Reserve locken, sie auffordern, ihre eigene Geschichte wertzuschätzen und selbst davon zu erzählen. – Erst nach dem Gespräch mit Jean habe ich erkannt, dass die Frage berechtigt war.

Die Grippe hat uns erreicht. Auch Thomas lag die letzten Tage im Bett. Auch er hatte Zeit, um zu lesen. Den «Demian» von Hesse nahm er sich vor, seine Pflichtlektüre für die Schule, und mein Manuskript nahm er, der Neugier folgend, dazu. Ob uns nicht etwas verbinde, den Sinclair in Hesses Roman und mich, so stellt er mir die Frage. – Wahrscheinlich hat er Recht: ein Suchender da wie dort.

Liebe Josy und Othmar
Noch ein paar Gedanken zum Buch: Ob meine Geschichten nicht zu intim wären, werde ich gefragt. Diese Frage stellt man mir, weil ich selbst noch nicht bereit bin, mein Eigenstes hinauszutragen, damit die Leser es entdecken. Bis es so weit ist, bin ich froh um die Möglichkeiten, die Ihr mir im persönlichen Rahmen bietet. Die Erfahrungen, die ich dabei mache, helfen mir, zu erkennen, was ich wirklich will: Ich will durch meine Geschichten wirken. Ich will heilen. Aber zugleich ist mir der Rahmen des Handauflegers zu eng.
So geht es mit der Klärung Schritt um Schritt, von der ich im Buch erzähle. Bin ich bereit, den Schritt hinaus zu machen, gehen die Türen auf …

Liebe Josy und Othmar
Was ich Euch schrieb vor ein paar Tagen, schlägt sich im Buch nun nieder. Ein Nachwort gibt es jetzt, und ein Zitat aus dem «Demian» von Hesse stelle ich der ersten Geschichte voran.
Der Titel kann jetzt lauten «Flieg, Vogel flieg!». Und im Untertitel steht: «Anwalt bin ich und Heiler». Auch die einzelnen Geschichten haben je einen Titel erhalten. Wie ich auf den «Demian» komme? Das erzähle ich Euch gern bei nächster Gelegenheit …

Mein lieber Freund
Vorerst herzlichen Dank für das Manuskript und die Briefe, die uns zeigen, wie anspruchsvoll die Veröffentlichung eines Buches ist, weil zu den eigenen Ansprüchen noch

jene der anderen kommen, die gebeten werden, ihre Meinung dazu zu sagen. Dass Du uns da miteinbeziehst, freut uns einerseits. Mich belastet es aber auch ein wenig, weil ich zwar im kleinen Kreis sehr gerne über Bücher, Filme, Theater und Konzerte spreche und dabei weder mit Lob noch mit Kritik zurückhalte, dann aber doch Hemmungen hätte, mit meiner Meinung schriftlich nach aussen zu treten.
Josy und ich haben Deine Geschichten mit Spannung gelesen und dabei viel vernommen über Deinen Weg zum Heilen und über die Welt voller Rätsel, in die Du eingetaucht bist. Josy wird Dir sicher gelegentlich von ihren Eindrücken erzählen.
Fremd ist mir zwar nicht alles, aber sicher die Welt der Heiler-Kongresse und Seminare, und so empfand ich die Geschichte 10 mit ihrem überraschenden Schluss und der Erkenntnis, dass es nicht entscheidend darauf ankommt, alles «an die grosse Glocke zu hängen», als wohltuend. Es ist ja nicht die grosse Glocke, die es ausmacht, sondern das feine Zusammenspiel der kleinen und grossen Klänge, oder der hellen und der dunklen.
Nicht fremd ist mir die Erkenntnis, dass oft das richtige Wort oder die richtige Handlungsweise im entscheidenden Moment in einem weiteren Sinne des Wortes heilend wirken, aber auch die Erkenntnis, dass es nicht immer gelingt, das Richtige dann zu sagen oder zu tun, wenn man es tun oder sagen müsste.
Die Arbeit als Vermittler und Mediator, die ich auch schon ausgeübt habe, basiert primär auf einer bestimmten Technik, wobei eine kontrollierte Freilegung der eigenen Gefühle durchaus in diese Technik integriert ist. Und hier sehe ich einen klaren Unterschied zum Heiler, der zwar

auch eine angelernte Arbeitsweise anwendet, der aber primär – so nehme ich an – mit etwas weitgehend Unerklärlichem, Charismatischem wirkt.
In Deinem Buch willst Du Deinen Weg zum Heiler zeigen, was Dir auch gelingt. Ich als Leser möchte aber am Schluss doch noch gerne die eine oder andere Geschichte lesen, in welcher neben dem richtigen Wort zur richtigen Zeit auch das Unerklärliche und die Wirkung desselben aufscheint, zurückhaltend zwar, aber doch klar erkennbar.
Das Nachwort, luftig leicht, gefällt mir. Dein Schalk taucht wieder auf. Und es freut mich, dass Du die formalen Probleme weitgehend gelöst hast und dass Du einen schönen Haupttitel für Dein Buch gefunden hast. Aber der Untertitel wäre zu meiner Zeit noch als unstatthafte Eigenwerbung gerügt worden. Da sind wir Anwälte ja eigen, was das Werben anbelangt. Wie es sich heute damit verhält, weiss ich nicht.
Ich hatte auch Zweifel, ob Du für die einzelnen Geschichten, vor allem die ganz kurzen, sinnvolle Überschriften finden würdest. Noch während ich Dein Manuskript las, erinnerte ich mich an «Orte» von Marie Louise Kaschnitz. Ich habe dieses Buch anfangs 1993 gelesen, als ich nach dem Herzinfarkt im Spital lag, und war begeistert. Ich konnte mich, als ich Deine Geschichten las, sehr gut daran erinnern, dass diese grossartige Schriftstellerin für «Orte» auf Untertitel verzichtet und trotzdem eine wunderbar leichte Lesbarkeit erreicht hatte. Ich fand «Orte» in unserer Bibliothek und stellte fest, dass Marie Louise Kaschnitz für ihre Geschichten die schlichte, aber treffende Überschrift «Aufzeichnungen» wählte, und ich fand, auch Deine Geschichten seien Aufzeichnungen und hätten keine Titel nötig.

Mir ist allerdings schon klar, dass «Orte» thematisch und vom sprachlichen Anspruch her zu einer anderen Literaturgattung zählt, aber die gedankliche und sprachliche Verknappung hat schon etwas Faszinierendes und auch – so nehme ich an – Anregendes für jemanden, der schreibt. Ich wollte dann in einer Buchhandlung nachfragen, ob «Orte» noch erhältlich ist, und Dir ein neues Exemplar davon schenken. Die Nachfrage hat sich nun aber verzögert, und ich möchte mit der Rücksendung des Manuskriptes nicht länger zuwarten. Auch wenn meine Anregung also nicht mehr aktuell sein sollte, sende ich Dir das schon etwas abgegriffene Buch. Falls Rosa und Du es noch nicht kennt, möchtet Ihr vielleicht einmal darin blättern und die eine oder andere Aufzeichnung auch lesen. Du brauchst es mir nicht zurückzuschicken.
Beste Grüsse
Othmar

Lieber Othmar
Herzlichen Dank für Deinen Brief. Deine Zurückhaltung ehrt Dich, nötig ist sie nicht. Deine Anregungen sind wertvoll.
Die grosse Glocke!? – Erst jetzt beginne ich, die feinen Töne der kleinen Glöcklein zu hören. Danke für das schöne Buch, das voll von diesen leisen Klängen ist.
Mein Nachwort erwähnst Du. Auch da liegst Du richtig. Ich meinte, die Flügel vorne und die Flügel hinten würden den Vogel fliegen lassen. Inzwischen weiss ich aber, dass das nicht genügt, wenn das Ding dazwischen zu schwer ist.
Und zum Untertitel noch: «Aufzeichnungen eines Suchenden» passt tatsächlich besser.

Vor Kurzem meinte Rosa, ich solle mit meinem zweiten Buch beginnen. Mit dem Beginnen hatte sie recht, aber es wird mein erstes sein. Der Anfang ist mit dem Nachwort jetzt gemacht. Was zuhinterst steht, kommt nach vorne, und alles andere ist neu zu schreiben. Auch neue Geschichten gibt es. Und so kann ich wieder einmal sagen: ein Stück Freiheit mehr! Frei jetzt, schreiben zu dürfen, mit Freude und Genuss.
Ich wünsche Dir und Josy alles Gute zu den bevorstehenden Feiertagen, natürlich auch im Namen von Rosa, und auf ein anderes Mal im neuen Jahr.
Herzliche Grüsse
Ben

Jahre für die Heilung

Ein neues Jahr: die Fünf, der Mensch, die Mitte. Während das vergangene Jahr noch das der Materie war, beherrscht von der sperrigen Vier. Die letzten Tage verbrachte ich im Bett. Nase, Hals, Fieber und eine brennende Aphte im Mund. Auch schreiben mochte ich nicht. Das waren meine freien Tage, zwischen Weihnachten und Neujahr.

Mein Buch, die neue Fassung. Am Montag, bevor ich krank wurde, habe ich damit begonnen. Am Tag, den die Nachrichten und Bilder von Tod und Zerstörung prägten. Die Flutwelle in Südostasien am 26. Dezember.

Was ich in den letzten Tagen las: Vor einem Jahr genau das Erdbeben im Iran, das Bam, die historische Stadt, fast vollständig zerstörte und das vielen Tausend Menschen das Leben gekostet hat. Und ein paar Jahre davor, auch das am gleichen Tag, der verheerende Sturm bei uns, den wir «Lothar» nannten. Eine Schneise der Verwüstung durch die Mitte von Europa und Wunden in der Natur, die Jahre für die Heilung brauchten.

Die Elemente melden sich: die Luft, die Erde, das Wasser. Kraftvoll, mächtig, zerstörend. Weltweit beachtet. Und das dreimal am zweiten Weihnachtstag.

Am Dienstag schrieb ich weiter an meinem Buch, von der Krankheit schon geschwächt. Und vom Mittwoch bis gestern im Bett. Liegen, ruhen, lesen: Mircea Eliade, «Der besessene Bibliothekar». Die Geschichte von Gut und Böse. Die Geschichte von Schwarz und Weiss. Nicht verfallen, wie C.G. Jung sagte. Dem Bösen nicht, jedoch auch nicht dem Guten. Wo Licht ist, ist auch Schatten. Das Gesetz der Dualität.

Zwei Stellen im Buch haben sich mir eingeprägt: Der weise, verrückte Haruni sagt, «... Das seien verkehrte Vorstellungen ... Warum dächte er das Problem nicht bis ans Ende durch? Alle Systematisierungen der zivilen oder religiösen Institutionen seien nichts anderes als nachträgliche Mythologisierungen der Tat einiger Menschen, die so gehandelt hätten, wie es ihr Herz wollte ... – aber der Kern, das energetische Zentrum, die Ursache?»

Dann folgt der Versuch einer Antwort: Ein freier Mensch sei einmal an einen Bach gegangen, habe einen Fisch gefangen, ihn gebraten und gegessen, und am zweiten Tag habe er das Gleiche getan. Aber die anderen hätten sich darüber gewundert, dass so seltsame Objekte wie Fische gegessen werden könnten. Dann seien auch sie zum Bach gegangen, hätten die Geste imitiert, hätten das Fleisch mit den Schuppen schätzen gelernt, und so sei der Mythos gewachsen. Die

Soziologen, heisst es, blieben bei der Mythologie stehen, bei der verursachten Ursache, aber die Hauptursache, die würde ihnen entgehen, da sie keine Mathematiker seien.

Und an anderer Stelle las ich: «... Das Gefühl und das Ereignis haben sie verschluckt ...» Sie hätten weder die Vorbereitung noch die Kraft gehabt, sich selbst zu übersteigen. Die Chance zum Transzendieren hätten sie gehabt, aber sie hätten es nicht verstanden, sich von der Welle hochreissen zu lassen. Sie hätten sich auf der Welle treiben und von ihr zerschellen lassen. Dann ist die Rede vom Mystiker, der «unheilbar verloren» sei «in dem Gefühl für die Gegenwart des anderen ...»

Und dann noch vom «flüssigen Weg, dem mystischen, der Devotion» und vom «Risiko seiner Tat». Und wörtlich: «Es gibt nur eine Pforte: der Sieg, die Verwirklichung, die Beherrschung. Das Scheitern bedeutet Wahnsinn oder Erschöpfung ...»

Für mich sind das jetzt Worte, deren Bedeutung ich mehr spüre, als dass ich sie verstehe. Die Erschöpfung auf dem «flüssigen Weg» ist mir wohlbekannt.

Geschehen in der Welt

Gestern habe ich das verrückte Buch von Eliade in den Ofen geschmissen. Weg damit, viel zu kompliziert! Wie mir scheint auch da: Fischessen zum Mythos gemacht und dann davon erzählt.

Gestern mit Rosa gesprochen, ihr von mir erzählt und einen weiteren Grund erkannt, weshalb mein Erzählen als zu intim empfunden wird. Die eine Hälfte ist es erst, die Sicht nach innen nämlich. Was jetzt dazukommt, ist der Blick nach aussen, auf das Geschehen in der Welt.

Und noch ein Buch, in dem ich zu lesen begann: «Bevor du liebst» von Hannah Green. Von Maurus lieh ich es mir aus. John, der taubblinde Fabrikarbeiter und Dichter, von dem die Geschichte handelt. Im Traum kann er sehen und hören, mit den Augen und den Ohren. Aber zugleich sieht er auch anders, über die Grenzen der Sinne hinweg. Von Bewusstsein zu Bewusstsein. Verbunden immer mit allem.

Der Traum und die Wirklichkeit? Was ist wirklich? Welches ist der Traum?

Im Land der Legenden

Im Traum letzte Nacht: ... Kaum habe ich das Tagebuch weggelegt, kommt mir ein neuer Gedanke. Es geht um das, was ich gestern im Fernsehen sah. Eine Dokumentation über die Freakwaves. Riesenwellen im Meer, bei schwerstem Sturm. Unvorstellbar, bis 40 Meter hoch. Für die grössten Schiffe ein Verhängnis. Erst in den letzten Jahren erforschte man das gefährliche Phänomen und zog daraus für den Schiffbau die nötigen Konsequenzen. Zuvor hat man die Riesenwellen ins Land der Legenden verwiesen. Wildes Seemannsgarn, das Ungeheuer im Meer.

Was mir der Traum bedeutet

Geträumt letzte Nacht: zu Fuss unterwegs am See. Kiesweg, Geröllhalden. Alles ist in Bewegung. Unsicherer Boden unter den Füssen. Rutschende Hänge und Menschen, die darauf reiten. Wir kommen heil davon und sind zurück im Bus, der auf uns gewartet hat. Einen Stein bringe ich mit. Zwei Steine sind es. Ich ziehe sie auseinander und bin erstaunt: das Werk eines Künstlers. Und doch: Steine trotz allem, zu schwer, zu gross, um sie mit mir zu nehmen.

Und noch etwas im Traum: auf dem See ein Schiff. Es landet an in voller Fahrt, den Bug voraus auf den Strand.

Und noch ein Drittes: Wo der Weg abbricht, kommt einer mit dem Auto gefahren. Für das Gefährt ist kein Durchkommen mehr. Unbefestigter Weg ... In diesem Moment weiss ich, was mir der Traum bedeutet ...

Die Ruhe einer Gewissheit

Heute Morgen klopfte es laut, ich erwachte. Licht an, Blick auf den Wecker. Schon halb sieben. Verschlafen. An die Tür hat es geklopft.

An der Tür hinaus muss es gewesen sein. Ich stehe auf, blicke nach draussen, kann jedoch nichts erkennen, gehe ins Bad und werde mir bewusst, dass auch mit Verschlafen nichts war. Die Uhr steht erst auf halb sechs. Es klopfte noch vor dem Wecker.

Was hat geklopft? Was hat es für mich zu bedeuten? Zu früh, um aufzustehen? Noch einmal zurück ins Bett, eine halbe Stunde geschenkt. Zehn vor sieben, der

Wecker, wo er doch auf sechs Uhr gerichtet war. Sechs Uhr, wie immer, nicht anders.

Die Zeit? Was ist im Gang? Was ändert, was öffnet sich? Wohin es führt, kann ich nicht sagen. Ins Land der Ahnen vielleicht?

Die Bücher, immer wieder die Bücher. Dieses Mal sind es gleich drei. Gestern nahm ich «Der Chronist der Winde» von Henning Mankell zur Hand. Seine Krimis sind nichts für mich, aber dieses hier ist wunderbar. Eine kleine, feine Geschichte. Der junge Nelio, die alte Seele. Auch dieses Buch habe ich mir von Maurus ausgeliehen. Fast ein Jahr hat es gewartet, bis ich es zu lesen begann.

Davor während ein paar Tagen «Gras und Tau» von Galsan Tschinag, dem Dichter-Schamanen aus der Mongolei, und noch davor «Der Gesang des schwarzen Jaguars» von Nana Nauwald. Die Forscherin und ihr Suchen nach Erkenntnis und Abenteuern bei den Schamanen im Dschungel des Amazonas. Zum wiederholten Mal nahm ich es zur Hand. Ich las auch die folgenden Worte: «Ich bin an einem Punkt in meinem Leben angekommen, an dem ...» sie sich ihren Vorstellungen von sich selbst und den Wirklichkeiten ihrer Welten stellen müsse und wolle. Sie wolle es, weil sie diesen tief an ihr nagenden, alles hinterfragenden Zweifel an der Wahrheit ihres Denkens und Tuns in die Ruhe einer Gewissheit bringen möchte. Sie müsse es, weil die brisante Mischung von Zweifeln und professionellen, sicheren Antworten auf die Fragen des Zweifels sie ausgebrannt hätten. Ihre Lebenskraft scheine verbraucht.

So ähnlich geht es mir auch. Die Ruhe einer Gewissheit. Der Kontakt mit den Verstorbenen. Ein still vertrautes Gespräch. Ist es das, was mir die Zweifel nähme?

Oder wenn ich selbst im Zweifel in meine Ruhe fände?

Schamanen, Forscher, Priester, mit ihren Göttern, Geistern oder allerkleinsten Teilchen. Gewissheit, Bestimmtheit, das suchen sie allesamt. Jenseits, geistige Welten, Modelle, fein gezeichnet und alles mit Namen benannt, bis ins letzte Detail erklärt, um dem Brand des Zweifels nicht mehr anheim zu fallen.

Irgendwo zu Hause

Sturm, der erste in diesem Jahr. Regen, nur in der Höhe Schnee. In den nächsten Tagen soll es bis zu uns in den Talboden schneien.

«Der Chronist der Winde». Als ob sich die Winde melden, wenn man sich mit ihnen befasst. Und auch bei Mankell das Meer: «... Er erinnerte sich vage, von einem riesenhaften Wasser gehört zu haben, das ...»

Es brülle und wälze sich an Land und reisse Tiere und Menschen mit sich. Als sein Vater davon erzählte, habe er gedacht, dass das eines von diesen Märchen sei ... Und dann kommt Nelio selbst ans Meer, und er hat, ohne es erklären zu können, sofort das Gefühl, nach Hause gekommen zu sein. Ein Mensch, denkt er, kann sich also irgendwo zu Hause fühlen, wo er noch nie gewesen ist.

Mittler zwischen den Welten

Und wieder ein Buch: «Der Himmel ist nur einen Schritt entfernt» von Paul Meek. Sein Weg zum Medium, wie es in England unzählig viele gibt. Mittler zwischen den

Welten, Botschafter auf dem Weg hin und her. Gestern begann ich zu lesen.

Ob das auch mit mir etwas zu tun hat? Seine Geschichte, meine Geschichte, eine Geschichte der Medialität? Der Buchdeckel mit einem Bild, das passt: Vom Strand aufs Meer geht der Blick, und eine hohe Welle rollt auf den Leser zu.

Mit einem Schritt im Himmel

Seltsame Dinge geschehen: gestern Abend bei Clara auf ein Glas Wein. Ein Buch lag bei ihr auf dem Tisch, ein Kriminalroman, ein Thriller. Ein brutaler Serienmörder sei der Täter in dieser Geschichte. Und das Spezielle daran ist, dass der englische Originaltitel zu den grausigen Taten, «Mit einem Schritt im Himmel», fast wörtlich übereinstimmt mit dem deutschen Titel des erbauenden Werks, das ich selber derzeit lese. Ich würde die Bücher tauschen, wenn Krimis für mich nicht so öde langweilig wären. Mord und Aufklärung, Mord und Aufklärung, immer nur das Gleiche. Und Clara geht es nicht anders mit dem, was mich über alle Massen fasziniert.

Mit Vernunft hat es nichts zu tun

Gestern führte ich mit einer Klientin das Schlussgespräch. Acht lange Jahre habe ich sie vertreten. Den belastenden Prozess und die hohen Kosten liess sie gern hinter sich, aber trotzdem fiel es uns beiden nicht leicht, das Zusammenwirken zu beenden. Die lange Zeit verbindet. Und beide waren wir nicht mehr die Gleichen wie die Jahre zuvor, als wir uns kennenlernten.

Ein Buch hat sie mir geschenkt, «Vom grossen blauen Wasser», nicht wissend, wie viel es mir bedeutet. Der Fluss gestaut zum See, im Buch wie auch im Film, den ich vor Jahren sah, mit Bildern, die ich nie mehr vergass. Und die Mittagsruhe, bevor ich die Klientin traf. Liegen, kein wirklicher Schlaf, nur kurz, aber erholsam wie immer, und ein Bild wie im Traum: Das Wasser im Zimmerbrunnen läuft über das Becken aufs Pult. Keine Logik, mit Vernunft hat es nichts zu tun, und doch: Der Fluss, den nichts mehr staut, und die Gefühle auch am Ort, wo ich juristische Fragen wälze.

Angst und Gelassenheit

Im Traum letzte Nacht: mit Rosa auf einer Reise. Ein kleiner Park und mittendrin ein Hügel. Durch die Erde geht ein Riss, in den ich greife. Die Kruste bricht auf, ich schiebe sie weg zur Seite. Durchs Glas wird mir der Blick in eine Grotte frei. In diesem Moment erkenne ich, dass auf der anderen Seite des Hügels ein Fenster offen stand. Ich tat auf meiner Seite, was mir verboten war. Schnell weg, fliehen!, ist mein rettender Gedanke. Rosa, keine Eile, kommt gelassen hinterher, nachdem sie die Vorwürfe der Wächterin über sich hat ergehen lassen.

Ich habe Rosa vom Traum erzählt. Sie fragte, ob ich das rückseitige Fenster auch dann geöffnet hätte, wenn ich mir des freien Einblicks auf der anderen Seite bewusst gewesen wäre. Das sei für mich keine Frage, gab ich ihr zurück. Ich komme auf meiner Seite an und lasse es mir nicht nehmen, zu suchen, wo ich bin. Was vorne ist, was hinten, hat man willkürlich einst bestimmt. Den einen genügt es, zu finden, wo man sie zu suchen heisst, die anderen graben selbst. Wenn du gräbst, ist dir der Einblick da wie dort gewiss, und das Geheimnis ist immer das gleiche.

Und beim Reden über den Traum wird mir noch eines bewusst: Angst ist es, was mich die Flucht ergreifen lässt. Rosa bleibt gelassen, ruhig, kein Problem für sie. In mir ist beides vorhanden, Angst und Gelassenheit. Beides zur gleichen Zeit.

Schieflage

Im Traum letzte Nacht: Ich sass im Büro und erkannte, dass mein Pult in Schieflage war. Wo die Klienten sassen, war der Boden eingebrochen. Die Konstruktion unter ihren Füssen hatte sich gesenkt.

Den ganzen Tag, gestern, schrieb ich an meinem Buch, und ich begann in meinen früheren Aufzeichnungen zu lesen. Das Manuskript hört dort jetzt auf, wo es in der ersten Fassung schon endet. Braucht es noch andere Geschichten?

Im Moment weiss ich es nicht.

In die Herzen dringen

Jetzt ist es fertig geworden: «Flieg Vogel flieg! – Aufzeichnungen eines Suchenden». Und wieder geht es durch Davids Hände. Drucken und binden, und ein Bild kommt vorne drauf: ein prächtiger Vogel im Flug.

Ich weiss jetzt, was ich will. In die Herzen will ich dringen.

Keiner ist eine Insel

Noch in dieser Woche wird David fertig werden. Dann geht das Manuskript an den Pendo Verlag in Zürich. Vor Kurzem las ich in der Zeitung, Christian Strasser habe den Pendo Verlag auf dem Sterbebett übernommen. Das Sterben der grosse Wandler. Das ist der richtige Moment, um etwas Neues entstehen zu lassen.

Bücher, Bücher, Bücher, schon wieder in einem versunken. Ich verschlinge sie, ich fresse sie buchstäblich auf, und manchmal fühlt es sich an, als ob ich selbst in meinem Bücherberg verschwinde.

Nuala O'Faolain, «Ein alter Traum von Liebe». Caitlin und was der Priester zu ihr sagt. Sie solle das am wenigsten Passive tun. Sie solle aktiv sein, das sei dem Menschen angemessen. Worauf Caitlin den Priester fragt, ob ihn die Church of England auch dafür bezahle, dass er den Leuten vor der Kirche Ratschläge erteile? Sie stellt die Frage im Scherz, und der Priester gibt ihr zur Antwort, dass sie dies tue, ja, und dass das eine wunderbare Sache sei, auf diese Weise seinen Lebensunterhalt zu verdienen. Und dann sagt Caitlin, ein paar Seiten weiter, zu sich selbst, dass dies hier keine Entscheidung sei, die sie von allem anderen trennen könne. «Du hast dich immer für eine Einzelgängerin gehalten ... Aber, wie du siehst, ist niemand eine Insel ...»

Auf einen Zettel schrieb ich die Seitenzahlen, um die Zitate wiederzufinden. Wie ich jetzt erkenne, habe ich zwei Zahlen dabei vertauscht. 413 schrieb ich statt 431. 413 lese ich zuerst: Caitlin in ihrem «kuscheligen Nest», wo Shay, lieb umsorgend, sie findet. Der Rat gebende Priester, der Entscheid, keine Einzelgängerin, keine Insel, das warme Nest, das alles gehört zusammen.

2003 ist bei Ullstein Heyne List Nuala O'Faolains Buch in der deutschen Fassung erschienen. Christian Strasser, der neue Mann bei Pendo, war in jener Zeit der Chef von diesem Verlag, wie ich auch aus der Zeitung weiss.

Am Sonntag gegen Abend rief Othmar an. Der Altersrat bei ihm im Dorf, dem er angehöre, führe jedes Jahr im Herbst eine Themenwoche durch. Fürs Heilen in all seinen Facetten hätten sie sich in diesem Jahr entschieden. Ob ich ihm Ideen hätte? Ob ich Referenten empfehlen könne? Spontan fällt mir eins ums andere ein, und nach Kurzem steht schon fast das Programm: Von den Lehren des Paracelsus – ein Muss am Ort, wo der grosse Arzt und Weise geboren und aufgewachsen ist – über den Hausarzt aus der Generation des Publikums – er erzählt, wie sein Beruf einst war und was daraus über die Jahre wurde – bis zum Spezialisten für die Altersheilkunde – Spitzenmedizin für unsere Zeit.

Und dazwischen, irgendwo eingebettet, das geistige Heilen vielleicht, werfe ich vorsichtig ein und empfehle mich selbst als Referenten. An mich habe er schon auch gedacht, meint Othmar, aber doch eher mit meinen Geschichten, fürs musische Rahmenprogramm. – Als ob einer Regie führt von drüben, wo meine Geschichten doch jetzt bereit sind.

Mann mit Visionen

Gestern mit Jean gesprochen. Er weiss, wer Christian Strasser ist: ein Mann mit Visionen.

Sehr geehrter Herr Strasser
Ein Händler bin ich, und Geschichten sind meine Ware. Was ich sonst noch anzubieten habe, entdecke ich nach und nach auf meiner Reise. Geführt werde ich dabei von Büchern, Menschen und Orten – wie auch von meinem Gespür. So führt es mich jetzt zu Ihnen. Ein Abenteuer sei es, sagen Sie, «Pendo» wieder aufzubauen. Bin ich mit meinen Geschichten ein Teil Ihres Abenteuers? Sind Sie ein Teil des meinen? Auf Ihre Antwort bin ich gespannt.
Freundliche Grüsse
Bruno Benjamin Heilmann

Wie sich die Dinge fügen

Gestern hatten wir Besuch von Alex und Christina: essen, reden, spazieren, draussen in der Kälte. Rosa mit Christina voraus. Ich mit Alex. Die Glocken von ennet dem See. Drei Uhr? Was mag es bedeuten? «Eine Hochzeit wohl», sage ich, «am Samstag um diese Zeit … Rosa und ich haben auch im Oktober geheiratet, auch nicht im Wonnemonat Mai.»

Er und seine verstorbene erste Frau hätten im Februar geheiratet, sagt Alex, am 18. Februar genau.

Ob das nicht heute sei, stelle ich die Frage.

«Nein, gestern war es», sagt Alex, aber eigentlich könnten wir auch den 19. als Hochzeitstag nehmen. Am 18. seien sie auf dem Zivilstandsamt gewesen und am 19. in der Kirche. Am 19. hätten sie gefeiert. «So gesehen, wäre also heute unser fünfzigster Hochzeitstag.»

«Und Goldene Hochzeit», füge ich bei.

Leben heisst Bewegen

Lieber Othmar
Du erhältst mein neues Manuskript. Seit ein paar Tagen liegt es bei einem Verlag. Ich warte auf eine Antwort.
Du fragtest mich nach dem Titel, unter dem ich im Herbst bei Euch auftreten möchte. «Kurzgeschichten» vielleicht?, hast Du gemeint. Eine literarische Gattung also. Das ist es aber nicht, was ich will.
Gattungen, Kategorien. Warum wollen wir alles einordnen, immer und überall? Leben ist Bewegen und nicht die statische Form.
Wo Bewegung ist, geschieht Heilung. Ist es nicht oft so, dass die Krankheit zur Bewegung zwingt, wo wir uns vor der Veränderung fürchten? Und schon wieder erkläre ich, wo ich doch lieber durch Geschichten berühren möchte.
Aber trotzdem: Du hast natürlich recht, wenn Du nach der Form und einem passenden Namen fragst. Eine Form ist unvermeidlich. Ich suche für mich eine Form, die mir viel

Freiheit lässt. Und dann sage ich mir: Gleich und Gleich gesellt sich gern. Und dann vertraue ich darauf, den Freigeist unter den Verlegern zu finden ...

Zuneigung

Eine Anregung heute in der Zeitung: Madame Lotti, Lotti Latrous mit bürgerlichem Namen. Kultfigur und Heldin in der Schweiz, die in Afrika ein Aidshospiz betreibt. Schweizerin des Jahres im Jahr zuvor und jetzt auf Promotour für ihr Buch. Eine begeisterte Begrüssung. Beide strahlen, Lotti und die Frau, die sich ihr zuneigt über die Bücher hinweg, und die Bildlegende sagt: «Züge der Heiligenverehrung: Lotti Latrous, Botschafterin der Nächstenliebe, bei der Signierstunde in Zürich».

Menschen, die in Tränen ausbrechen, heisst es, wenn sie die Frau nur sehen und sie zu ihnen spricht. Etwas ist da, etwas Geheimes, mit dem sie tief berührt. Sie versteht es selber nicht. «Aufhören, ich bin kein Engel, keine Heilige», sagt sie, und einen kräftigen Fluch dazu.

Heilsame Geschichten

Sehr geehrter Herr Strasser
Welch seltsamer Heiliger, haben Sie wahrscheinlich gedacht, der mit seinen Geschichten die Welt verbessern will. Oder vielleicht sind das nur meine Gedanken, angestossen durch das, was ich gestern in der Zeitung las. «Madame Lotti will kein Engel auf Erden sein» und keine Heilige, wie sie sagt. Und doch ist sie genau das, eine Heilige, wie

auch Sie und ich das sind, wenn wir tun, was wir im Kern unseres Wesens spüren. Lottis Echtheit und Offenheit sind das, was bei den Menschen ankommt. Irgendwann will ich eine Geschichte schreiben mit dem Titel: «Die Heilige von Abidjan».

«Wenn ihr helfen wollt, sehr gut, tut etwas, aber bei euch zu Hause – im Altersheim, im Bekanntenkreis, auf der Strasse ...», sagt Madame Lotti. Sie hilft mir, auch selbst meine Botschaft zu formulieren. Ich sage in diesem Sinn: Wenn ihr heilen wollt, müsst ihr nicht Heiler werden. Es genügt, wenn ihr Heiler seid, wo ihr steht und geht, ob ihr Anwalt, Maurer, Ärztin, Verkäuferin, Hausfrau, Lehrer, Bauer oder was auch immer seid. Jeder kann heilen und helfen, wenn ihm das Herz aufgeht.

Der Zeitungsartikel über Sie, Herr Strasser, kommt mir in den Sinn. Die Werte, von denen Sie sprechen: «Liebe, Versöhnung, Ausgleich, Verständigung zwischen den Kulturen, als Prinzip der Personalführung, wie wohl auch in den Büchern ...» Ein Unternehmer also, der tut, was seine Herzenssache ist. Ein heilender Unternehmer. Die Zeit ist reif in diesem Sinn für die ganz normalen Heiligen! Wie Lotti Latrous sagt: «Für mich ist die Arbeit im Aidshospiz das Normalste, das ich tun kann. Ich muss das tun, sonst geht es mir schlecht.» Geschichten zu schreiben, heilsame Geschichten, ist für mich das Normalste. Es ist das, was ich mit Begeisterung und Freude mache.

Spricht es Sie an, dann geben Sie mir Bescheid – und sonst geben Sie mir bitte das Manuskript zurück. Für diesen Fall: Danke, dass ich bei Ihnen meine Gedanken formulieren durfte.

Freundliche Grüsse

Bruno Benjamin Heilmann

Gestern erhielt ich Post von Jean: Ein Interview im «Schweizer Buchhandel» mit den Machern des Pendo Verlags. Das würde mich vielleicht interessieren, schrieb mir Jean dazu. Und ja, es spricht mich an, was der Verleger sagt: Robert Lax, der amerikanische Autor. Über ihn hätten sie im Bayerischen Fernsehen im Mai einen Beitrag gebracht. Er habe den Film gesehen, sagt Strasser, es habe ihn inspiriert, und er habe sich im Sommer drauf, auf Lax' Spuren wandelnd, nach Griechenland begeben. Das Haus des Schriftstellers habe er besucht. «Als ich sah, dass seine Bücher bei Pendo erschienen sind, wusste ich, dass es eine Verbindung zum Verlag gibt. Darüber hinaus ist es auch die interessante Mischung von Literatur, allgemeinem und politischem Sachbuch sowie Psychologie und Lebenshilfe, die mich reizt und mir auch persönlich liegt ...»

Eine besondere und seltene Art, sich seiner Aufgabe zu nähern, eine Art aber, die mir gefällt. Bücher, Menschen und Orte und das TV-Orakel, das führt: München – Patmos – *Zürich.*

Ob sie mit fünf, zehn oder zwanzig Titeln beginnen, wird der Interviewte gefragt. Zwölf würden es sein, nicht weniger und nicht mehr, zwölf ganz genau. Von Symbolik spricht der Mann. Je einen Titel für jede Thematik, die sie besetzen wollen. Sinn für Magie und Zauber ist dem Verleger also nicht fremd. Und wenn ich der Dreizehnte wäre, der ungeladen noch kommt?

Und vom Mut zum Entdecken ist die Rede. Offen für Neues also? Für einen Anwalt vielleicht, der spinnt? Und dann noch wörtlich: «Ich freue mich gewaltig auf das, was sich hier entwickelt, und ich geniesse jede Sekunde, in der ich als freier Mensch machen kann, was ich will.»

Unstillbare Sehnsucht

Pendo hat das Manuskript zurückgeschickt, und das an meinem Geburtstag. Kein Sinn für Verrückte bei Pendo.

Jetzt freue ich mich auf das Buch, das ich von Rosa geschenkt erhalten habe. Mark Buhl heisst der Autor. Sein erster Roman sei es, und der Titel lautet: «Rashida oder der Lauf zu den Quellen des Nils». Mensen Ernst kann nicht stillsitzen, heisst es im Klappentext, er muss laufen, laufen, laufen ... Stunde um Stunde, Tag für Tag ... Vom unehelichen Sohn einer norwegischen Bäuerin handle die Geschichte, heisst es auch. Sein unaufhörlicher Drang zu laufen, wo auch immer er sich befindet, lässt Mensen schon früh zum Aussenseiter werden. Seemann wird er, und er erbt vom Vater, der auch ein Seemann war, einen Sextanten und eine Karte von den Quellen des Nils. Der Vater selbst blieb auf der Suche nach den geheimnisvollen Quellen verschollen. Mensen Ernst, der Seemann, wird ein berühmter Läufer. Er tritt in den Dienst von Königen und Revolutionären, und dabei bleibt sein Leben geprägt von der unstillbaren Sehnsucht nach dem einen Ort auf dieser Welt, der ihm endlich Ruhe schenkt.

Was ich wirklich will

Ostern heute. Ich habe das Gefühl, dass mein Buch jetzt wirklich fertig ist. Nach der Erfahrung mit Vater wusste ich, was ich will und was ich nicht mehr will, dann konnte ich es schreiben. Jetzt ist meine Botschaft klar, und sie ist reif, publiziert zu werden. Wenn nicht bei Pendo, dann in einem anderen Verlag.

Geh einfach bis ans Ende

«Meine Güte!», so sprach er zu sich selbst, und er lehnte sich zurück, hinein in den grossen Sessel, der ihm bis über den Nacken schon oft den Rücken stärkte, wenn eine Klientin, ein Klient oder ein Verhandlungspartner ihn bis an die Grenzen seines Könnens forderte, und manchmal noch ein bisschen darüber hinaus.

Das alles hatte er selbst geschrieben, und einiges noch dazu, das er nur noch überflog, weil es ihm, um zu verstehen, was in jener Zeit geschah, nicht mehr wichtig schien.

Wie hatte er glauben können, er hätte sein Ziel schon erreicht!? Und wie war das mit seiner Botschaft? In dem, was er geschrieben hatte, mochte sie stimmig und er selbst gelassen erscheinen, in seinem Inneren aber ... Der «Crazy Mouse» glich sein Erleben: Hoch hinaufgezogen von einer unsichtbaren Kraft, um mit voller Wucht und scheinbar ungebremst, den Fahrtwind im Gesicht, über die schmale Schiene ins tiefe Tal zu stürzen. Den Berg hinauf und hinunter, um es Mal für Mal zu wiederholen, eine Fahrt der wildesten Sorte.

Und das scheinbar ausgewogene Mass? Wie konnte er sich derart täuschen?! Auch wenn er selbst mit dem Verrücktsein nur kokettierte, war das für den Verleger, der nicht der seine wurde, wahrscheinlich mehr als wahr. Was er wirklich wollte, war nicht besser zu verstehen, als die seltsamen Sätze aus Eliades «Der besessene Bibliothekar».

Und war er nicht drauf und dran, zusammen mit Eliades Geschichte auch alle Mythen dieser Welt – trotz ihrer Schönheit, Wärme und Kraft – und die Menschen, die sie erzählen, in den Ofen des Fegfeuers zu werfen? Das Schicksal meinte es gut mit ihm, und es hatte ihn davor bewahrt, den Sturm in seinem Herzen in die Welt hinauszutragen.

Und den Roman, den ihm Rosa schenkte, nahm er jetzt gern wieder einmal zur Hand. «Zum 48. Geburtstag. Eile mit Weile? Oder so. In Liebe Rosa», stand vorne im Buch in schwungvoll feiner Schrift. «Eile mit Weile?» als Frage, nicht als Rat, der bei ihm ohnehin nichts half. Ein Läufer muss nämlich laufen, um seine Erfahrung zu machen, und was er erlebt in der Eile, führt ihn ab und an und da und dort zur Weile ... Ein besonderes Buch, hoch und schmal, und gewillt, den langen Lauf auch in der Form zu zeigen. Nicht eine der Seitenzahlen steht am gleichen Ort wie die andere auf dem Blatt zuvor. Von links der Seite wandern sie, fast unbemerkt, nach rechts an den anderen Rand. Und zuhinterst hatte Heilmann den Ausschnitt aus einer Zeitung – das Datum war nirgends vermerkt – unter die Klappe mit dem Bild und den Angaben zum Autor geschoben. Der Bericht schien Jahre alt, dem Papier war es anzusehen. Vom dramatischen Absinken des Viktoriasees in Uganda war die

Rede. In kurzer Zeit sei der Wasserspiegel des riesigen Sees um zwei Meter gesunken. Als Ursache vermute man das veränderte Klima und die übermässige Nutzung des Wassers an seinen Zuflüssen.

Das aber war es nicht, weshalb Heilmann den Artikel ausgeschnitten und ins Buch gelegt hatte, der Grund dafür war ein anderer. Vom Stauwerk am Ausfluss des Sees war auch noch die Rede. Hier, ein mächtig tosender Wasserfall einst, hätten die Engländer auf ihren frühen Expeditionen ins koloniale Afrika den Ursprung des Nils geortet. Heute sei das anders, man gehe weiter zurück bis an die Zuflüsse in Burundi und Ruanda. Von einem anderen Quellgebiet im Bergland von Äthiopien hatte Heilmann zu einer anderen Zeit an einem anderen Ort schon gehört. Die Quellen des Nils sind und waren also nie nur örtlich zu bestimmen, sondern auch immer eine Frage der Zeit. So habe es bei den Römern geheissen – auch das stand im Artikel –, wenn einer ein unmögliches Unterfangen in Angriff nahm: «Er sucht die Quelle des Nils». Das fand Heilmann passend, wo gerade in diesen Tagen seine Frau in Ägypten war und er selbst zuhause seine alten Sachen durchforschte.

Der Nil war der mächtigste Strom, den die Römer kannten. Dass sie seine Quelle, ausserhalb der Reichsgrenzen gelegen, als unerreichbar wähnten, vermag also nicht zu erstaunen. So sinnierte Heilmann im Stillen. Und noch andere Gedanken, die mehr mit seinem eigenen Forschen zu tun hatten, gingen ihm durch den Kopf: Wo solch riesige Wassermassen dem Meer entgegenströmen, müssen unzählig viele Quellen an ihrem Anfang sein. Geh also einfach bis ans Ende, um zu finden, was du suchst!

Mein lieber Freund
Herzlichen Dank für das erweiterte Manuskript. Es hat mich schon irritiert, als ich las, Du wollest nicht (mehr) dem Bild entsprechen, das man sich vom traditionellen Heiler macht (Handauflegen und was sonst noch dazu gehört), hatte ich doch geglaubt, Du wollest mit dem Buch auch Deinen Weg zum Heiler aufzeigen, und dem, was Du erzähltest, entnommen, dass Du mit der üblichen Art des Heilens auch schon erfolgreich warst.
So rücken nun also neben der «heilkräftigen» Anwaltstätigkeit die Geschichten in den Vordergrund. Für mich heisst das, dass Dir die Entwicklung zum Heiler unter anderem den Weg zum Schriftsteller wies, und ich finde es gut so, denn Deine Geschichten werden immer besser. Und so gesehen ist es kein Unglück, wenn sich die Verleger nicht auf das Manuskript stürzen.
Dass Literatur heilende Wirkung haben kann, ist allgemein bekannt, hört man doch oft, man habe beim Lesen die Schmerzen vergessen. Gemeint sind manchmal nicht die körperlichen, sondern die seelischen Schmerzen.
Ähnliches geschieht ja auch mit Musik. Josy beispielsweise kann mit massivem Rückenweh zum Kammermusikspiel antreten, wenn die Bedingungen stimmen, spürt sie bald nichts mehr von den Schmerzen. Dass diese dann gelegentlich wieder auftauchen, ist wohl auch beim Handauflegen nicht anders. So bin ich denn gespannt auf Deine weiteren Geschichten …

Von den Mächten angezogen

Jetzt weiss ich, so klar wie nie zuvor, was ich mit meinem Buch, generell mit dem Bücherschreiben will. Am Sonntag habe ich es erkannt, als ich Fernsehen schaute: «Der Herr der Ringe, Teil 1».

Der Ring der Macht ist es, der aus dem Feuer kommt und den Frodo zurück ins Feuer trägt. Das ist es, was ich will, dachte ich für mich im Stillen, als Gandalf vom Ring erzählte und Frodo die Reise begann. Der Ring lockt jeden, der ihn besitzt, davon Gebrauch zu machen. Tut er es, dann droht er, der Macht zu verfallen. Der bösen Macht, die in der Geschichte Sauron heisst und im Film als feuriges Auge erscheint. Viele sind dieser Macht verfallen. Frodo widersteht – und Sam, der treue Gefährte, hilft ihm dabei –, auch wenn er immer wieder von den Mächten angefochten wird.

Ein wogender Glockenklang

Es ist acht Uhr am Morgen, der Papst starb gestern Abend. Weltweit zur gleichen Zeit lassen sie die Kirchenglocken klingen, und als Folge der Zeitverschiebung geht der Glockenklang einer Welle gleich um die Welt.

Papst Johannes Paul II hat viel bewegt in den 27 Jahren seines Wirkens, er hat auch polarisiert. Ein Politiker war er und ein frommer Kirchenmann. Ein Mystiker war er auch. Schon in diesen Rollen sind die Widersprüche angelegt, die er offen erkennbar lebte.

Es war ein langes Sterben, eines voller Schmerz.

Was nach ihm jetzt kommen mag?

Die letzten beiden Tage haben wir singend in Zürich verbracht. «Die alte Art», wie sie in Irland sagen und wie man es nur an wenigen Orten noch macht, auf den Aran Inseln zum Beispiel, draussen im Atlantik. Treasa sang vor, und wir stimmten ein. Nie zuvor habe ich so sehr aus dem Herzen und mit dem ganzen Körper gesungen. Eine befreiende Art ist das, seine Stimme klingen zu lassen.

Und am Samstagmorgen in der Zeitung eine Anzeige für ein Buch: «Der Zahir» von Coelho. Ich muss es haben, es lesen, sogleich. Unterwegs in Zürich beim Neumarkt, kurz vor unserem Ziel, in einen kleinen Laden. Der erste Verkaufstag sei es, sagt die Frau, und sie zeigt mir den Zettel, mit dem die Lieferung kam vor ein paar Tagen. Noch nie habe ich ein Buch schon am ersten Tag gekauft. Als ob ich, ohne es zu wissen, auf den Moment gefiebert hätte, wie die jungen Fans von Harry Potter, wenn ein neuer Band erscheint.

Noch in der Nacht auf Sonntag begann ich es zu lesen. Dieses Buch hat auch mit meinem Buch zu tun, das wusste ich sogleich. Diesen Mickhail, von dem Coelho erzählt, gibt es tatsächlich, oder zumindest wurde er auch an anderer Stelle schon genannt. Das ist der Traumheiler aus Olga Kharitidis «Samarkand – Eine Reise in die Tiefen der Seele».

Ich lese, und ich staune.

Mit Bildern und Geschichten

Liebe Maren
Unter uns Schöngeistern: Sag's mit Bildern und Geschichten! Das Bild, das ich Dir schicke, meine ich. Die frisch gefärbte bunte Wolle und der sinnige Spruch dazu. Nicht von mir, aber trotzdem schön. Die Geschichten aber sind von mir. Lies es, wenn Du magst. Und dann gibst Du es mir bitte bei Gelegenheit zurück.
Herzliche Grüsse
Ben

Aus einer anderen Welt

Coelho hat mir zur Klärung verholfen. Gestern, während der mittäglichen Siesta, las ich noch ein paar Seiten. Da war mir plötzlich klar, was ich tun muss und tun kann. Wie Coelho seine persönliche Erfahrung zu einem Roman entwickelt, mache ich das jetzt auch. Die Geschichte wirkt, sie braucht mich nicht als Zeugen ... Und in diesem Moment des Erkennens kommt ein Vogel ans Fenster geflogen. Er klammert sich am Fensterrahmen fest, gleitet übers Glas und ist schon wieder weg.

Ganz einfach Liebe

Am Donnerstag gegen Abend telefonierte ich mit Mutter. Es war ein wertvolles Gespräch, uns beiden tat es gut. Von meinem Erkennen erzählte ich, dass ich jetzt ein Schriftsteller sein will, nicht mehr ein schreibender

Heiler. Und Mutter erzählte von sich, von Grossvater, von Grossmutter, von ihren Grosseltern, von Onkeln und von Tanten und von weiter entfernten Verwandten. Einer ihrer Cousins war die Woche zuvor gestorben. An der Beerdigung kam sie mit ihren Verwandten zusammen, die auch meine Verwandten sind.

Vom Anderssein sprachen wir, vom Erkannt- und Angenommen-werden. Vom Leiden auch, wenn Menschen, die dir lieb sind, dich nicht verstehen. Von meiner Wut in diesem Moment, die Kehrseite der einen Medaille, die auf der anderen Seite ganz einfach Liebe heisst. Sie könnte weinen, sagte Mutter, nicht, dass sie es tat.

Bis hier heute Morgen. Mittag ist es jetzt. Samstag, mein Haushaltstag und mehr. Seit England wartete ich auf ein Zeichen, wie es mir im Abendlicht dort erschien. Nun endlich war es so weit. Ein Wolkenbild, das passte: Ein Schneeberg, ein Vulkan aus eisigen Kristallen und ein Flugzeug, am See gestartet, auf direktem Weg dorthin. Und in diesem Moment weiss ich, dass ich mein Buch «Wolkenland» nennen will. Auch weiss ich, wovon es handelt: keine Angst mehr, anders zu sein, anders als die andern. Alle sind sie anders. Wer gleich scheint, verwendet nur sehr viel Kraft darauf, sein Anderssein zu verstecken. Mir ist das Verstecken zu anstrengend geworden.

Wahrheit

Abend ist es jetzt, der Anfang ist gemacht, und vorne ins Buch will ich schreiben: «Die Übereinstimmung mit real existierenden Personen ist kein Zufall. Ich danke allen von Herzen für die Geschichten, die sie mir schenkten, und ich bitte um Verständnis, wenn ihre Geschichte nicht dem entspricht, wovon ich hier erzähle. Die Wahrheit ist nur meine.»

In der Geschichte, in den Geschichten, erzähle ich, wie ich vom Anwalt zum Heiler, zum heilenden Schreiber und zuletzt zum Schriftsteller werde. Die dritte Fassung ist es. Ich wähle die Form des Romans, damit den Lesern die Freiheit bleibt, als erfunden anzunehmen, was ich erzähle, obwohl ich es eigentlich fand. Im Brief an Vater, mit dem ich die Geschichte beginne, schreibe ich von der Freiheit, zu glauben oder nicht. Überhaupt ist Vater der Leser, an den ich mich wende. Ihm erzähle ich meine Geschichte, weil mir noch immer scheint, dass er mich nicht versteht.

Feuer im Herzen

Eine Woche mit Schmerzen habe ich hinter mir. Heute Morgen, als ich die Aphte im Spiegel sah, war mir unvermittelt klar, um was es dabei geht: ein kleiner Krater im Mund, wo sich die Worte bilden, und ein Feuer im Herzen, das seinen Ausdruck sucht.

Eine ganze weite Welt

Im Brief an Vater, am Anfang von meinem Buch, erzähle ich vom Wolkenland, das ich aus dem Fenster schauend sah. Dass niemand da war, mit dem ich den Ausblick teilte, und dass es gut war so, weil ein anderer nur Wolken gesehen hätte, wo sich für mich eine Welt auftat.

Liebe Maren
«Wenn einer eine Reise tut, dann kann er was erzählen.» So sagt es das geflügelte Wort. Und wenn die Lebensreise nur den einen Zweck hätte, dass ich Geschichten erlebe, um sie zu erzählen? Mir wäre es trotzdem recht.
Das Manuskript, wie ich es Dir gab, wird nicht als Buch erscheinen. Gestern begann ich neu mit einem Roman. Alles mit viel mehr Freiheit. Ich fühle mich jetzt frei, auch die verrückten Geschichten zu erzählen, die mir sowieso keiner glaubt.
«Se non e vero, e ben trovato», sagen die Italiener.
Wen kümmert's also, dass ...
Du weisst schon, was ich meine ...

Dem Leben vertrauen

Im Traum heute Morgen früh: Ein Polizist sollte Blausäure trinken, was ihn getötet hätte. Ich erwachte, bevor er trank. Ich weiss, was das bedeutet. Der Polizist in mir, der wieder und wieder spricht: «Das kannst du nicht. Das ist nicht gut genug ...»

Dann las ich ein paar Seiten. Noch einmal bei Coelho. «Auf dem Jakobsweg» dieses Mal. Paulo mit seinem Führer Petrus als Pilger unterwegs. Die Prüfung am Wasserfall steht bevor. Paulo glaubt nicht, dass er es kann. Den Fingernagel ins Nagelbett des Daumens drücken, sagt er, wenn zermürbende Gedanken kommen! Schmerz um Schmerz um Schmerz, den wir uns mit dem ewigen Zweifeln wieder und wieder bereiten.

Jetzt setze ich vorne ins Buch, was Coelho hier sagt: «Das Leben lehrt uns immer mehr als der Jakobsweg ... Nur vertrauen wir den Lehren des Lebens meist nicht.»

Sehnsucht nach der Geborgenheit

Heute haben sie, schon am zweiten Tag des Conclaves, den neuen Papst gewählt. Der deutsche Kardinal Josef Ratzinger heisst jetzt Papst Benedikt XVI. Der neue Papst ist einer, der die Sehnsucht nach der Geborgenheit, die sein Vorgänger noch erfüllte, kaum mehr stillen kann.

Schicht um Schicht

«Momente der Geborgenheit» von Erik Fosnes Hansen. Ich las es heute zu Ende. Ein zauberhaftes Buch und zugleich nicht leicht zu lesen. Zu viel des Guten, dachte ich. Seine Geschichten ablegen, indem wir sie erzählen. Es gibt Menschen, die haben unglaublich viel abzulegen.

Hat mir die Zeit des Heilens in dieser Hinsicht geholfen? Geschichten, Schicht um Schicht? Bei Hansen spüre ich ein Drängen. Und wenn es mein eigenes Drängen wäre, das ich bei ihm erkenne?

Das Erkennen hilft. Ich möchte nicht mehr müssen. Mir Zeit lassen, mir Zeit nehmen möchte ich. Vielleicht in den Sommerwochen, wenn die Arbeit auf den Gerichten ruht und die Klienten in den Ferien sind, ein oder zwei Wochen am Stück, oder lieber noch etwas mehr.

Die Ideen kommen nach und nach. Soll ich Briefe zwischen die Geschichten streuen? Briefe an Vater, damit er mich besser versteht?

In Hansens Buch auf den letzten Seiten geht es um die Kristalle und um den Schnee. Nicht ein Schneekristall sei einem anderen gleich. Das Einzige sei es, was alle wüssten vom Schnee. Was mich an mein «Wolkenland» erinnert: Krist-all, Christus in uns allen. Sein Wesen und die Kraft, die seinen Namen trägt. Und schmilzt der Schnee, entstehen Tropfen, im Fluss, im Strom, im Meer nicht mehr zu unterscheiden von den vielen, die im Wolkenland noch einzigartig und unverwechselbar sind.

Wohin mein Herz mich trägt

Am Donnerstagabend war ich einkaufen, leichte Kleider für den warmen Süden und ein Ferienbuch dazu. Coelhos «Der fünfte Berg» sollte es dieses Mal sein. Das gesuchte Buch war im Laden nicht vorhanden, dafür aber kamen mir zwei andere Bücher in die Hand: «Feuer gefangen – Meine Reisen zu den Vulkanen der Erde» und ein Roman mit dem schönen Titel «Geh, wohin dein Herz dich trägt» von Susanna Tamaro. Auf beide Bücher freue ich mich sehr. Beide passen zur Reise.

Seele der Landschaft

Heute Morgen die letzten Sätze ins alte Tagebuch, und nun, am Abend, meine ersten Sätze ins neue. Als ob an dieser Stelle eine neue Geschichte beginnt. Gerade jetzt habe ich im Fernsehen einen Film über das österreichische Burgenland gesehen, im Grenzgebiet zu Ungarn und Slowenien gelegen. Eine wunderbare Sicht über das weite Land schloss den Reigen der Bilder ab. Von der uralten Seele der Landschaft war dabei die Rede: «Sie zu beschreiben, überlassen wir den Dichtern.»

Mut zur Veränderung

Die Zahlen fallen mir auf, während ich das Datum ins Tagebuch schreibe. Schon gestern, als ich einen Zahlungsauftrag erteilte, schrieb ich in den Raster im Formular 050505 für den heutigen Tag, an dem die Buchung vorzunehmen wäre. Der Tag der Fünf und Christi Himmelfahrt. Christus, der auf der Erde lebte, litt und starb und zu neuem Leben erwachte. Die Quintessenz sozusagen. Der Mensch gewordene Gott, der Himmel und Erde verbindet.

«Feuer gefangen»! Das Buch von den Vulkanen geht zu Ende. Grosse Strapazen nahmen die Autoren auf sich, um zu schauen und zu erleben und um davon zu erzählen. Immense Gefahren schlummern tief im Berg. Sie vernichten in kurzer Zeit, was der Mensch an Wertvollem schuf. Schwarz verbranntes Land lässt die Feuerwalze zurück, und sie ist verwandt darin mit dem Krieg. Aber trotzdem faszinieren die Feuerberge über alle Massen und ziehen uns Menschen an. Für die Urvölker waren und sind die Vulkane Orte, wo die Götter wohnen. Die Götter, die geben und nehmen. Was der Vulkan erbricht, um die Erde zu verbrennen, ist zugleich auch das, was neues Wachstum nährt.

Und wenn wir die Wahl hätten?

Vergehen und Verändern immer und überall, mit dem Mut, es geschehen zu lassen?

Wahrsager

Geomantie, wörtlich genommen, heisst: Wahrsagen von der Erde. Die Kraft der Erde, die mich führt, lässt mich Geschichten erleben, die ich dann erzähle. Ein Wahrsager bin ich.

Ein wahrhaft Weiser

Sizilien, Taormina. Am Freitag gegen Abend sind wir angekommen, und gestern, am ersten Tag, ging es zu Fuss den alten Eselspfad hinauf nach Castelmola. Um zwölf Uhr fast genau kommen wir oben an, und in diesem Moment geht ein junger Mann mit einer Eule auf dem Arm über den Platz und verschwindet zwischen den Häusern. Wo kam er her, wo geht er hin? So stelle ich mir die Fragen, aber beachte ihn weiter nicht. Unser Weg führt in den Ort hinein. In einer der Gassen sind Arbeiten im Gang, der Belag wird neu gemacht, die Steine werden neu verlegt. Gesperrt ist der Durchgang nicht, aber trotzdem weist uns einer der Männer in die Gasse nebenan. Nur ungern lasse ich mir auf diese Weise die Richtung weisen. Sprachlich unschön, denke ich, aber lasse es trotzdem bleiben. Der Mann, der mir den Weg weist, ist ein wahrhaft Weiser, auch wenn er das nicht weiss. Es geht an einer Treppe vorbei und dort an einer

Tafel, die zur Show des Falkners weist, zuoberst auf der Burg. Falken, Adler, Eulen werden im Flug gezeigt. Die Show soll bald beginnen. Wieder einmal bin ich zur richtigen Zeit am richtigen Ort.

Ein guter Berg

Wie klein doch alles wird, aus der Distanz gesehen! Ein früher Frühling in diesem Jahr und das Ende eines kurzen Winters. Alles hatte Heilmann an seinem Geburtstag schon erlebt. Im einen Jahr feierten sie schon draussen, und es war fast sommerlich warm, und im Jahr danach zur gleichen Zeit lag alles noch tief im Schnee. Die harten Winter hatte er nicht gern. Ein Winterschlaf, wie ihn die Bären machen, wäre das Richtige für ihn. Rein in die geschützte Höhle, wenn die ersten Flocken fallen, und im tiefen Schlummer ruhen, bis es draussen wieder blüht. Mit Blühen war noch nichts um diese Zeit. Aber einen Tag wie diesen musste er einfach benützen. Lesen würde er morgen wieder. Die Briefe zuerst, danach das «Wolkenland», das sein Buch geworden wäre, wenn ... Zwei Tage müssten genügen, Donnerstag und Freitag, und am Samstag käme Rosa heim, und am Sonntag würden sie feiern. So plante er die verbleibende Woche für sein Werk und schaute den Vögeln zu, die auf gleicher Höhe mit ihm ihre Kreise zogen. Hier herauf war er immer wieder gekommen. Hinaus in die Natur, zu den Bäumen, Vögeln und Steinen, oder tief ins Innerste hinein. Und oft fand er den Weg, das eine mit dem anderen zu verbinden. Ein guter Berg, den Heilmann seinen Hausberg nannte. Ein leichter Berg, um Höhe und Distanz zu gewinnen. Bis halb hinauf zu fahren, dann zu Fuss noch eine Stunde. Jetzt eher eine halbe Stunde mehr. Und auch die Geschichten von Sizilien wollte er noch fertig lesen. Die Fahrt auf den Vulkan und was sich dort ergab.

Seltsame Dinge

Zwei Männer führen durch die Show. Vier Falken und die Eule, die wir unten auf dem Platz schon sahen, und der Adler, König der Lüfte, als Blickfang auf dem Plakat. Die Männer reden und reden, in Englisch und Italienisch, während die Vögel ihre Kunststücke zeigen. Auch der zweite Falke macht seine Sache gut, sodass sie ihn noch einmal fliegen lassen. Schon während seinem ersten Flug gingen meine Blicke weit, bis zu den Wolken hinauf, wo andere grosse Vögel ihre Kreise zogen.

Der Falke dreht fürs Erste nahe um die Burg, wir folgen mit den Blicken nach. Die Kreise werden grösser, die Distanz wird weiter, die Höhe nimmt zu. Der Mann ruft den Vogel zurück. Er pfeift ohne Unterbruch auf der Trillerpfeife, er schwingt das Seil mit dem Köder und wirft es hoch in die Luft. Auch die beiden Männer haben inzwischen die anderen Vögel entdeckt. Noch eine Weile haben wir, hat das Publikum den Eindruck, sie wüssten, wo ihr Vogel fliegt, den sie zurückholen wollen. Allmählich merkt man aber, dass sie ihn aus den Augen verloren haben. Der Mann, der lockt, gibt auf. Er macht mit einem anderen Vogel weiter. The show must go on!

Der andere der beiden Männer holt ein Fernglas und ein Gerät, mit dem sie Signale empfangen. Ihr Suchen geht weiter und weiter, fürs Erste ohne Erfolg. Der andere Mann entschuldigt sich, das sei noch nie geschehen. Aus dem Publikum wird er gefragt, ob der Falke zurückkehren werde. Das wisse er nicht, gesteht er. Und mir geht durch den Kopf: Ob das, was hier geschieht, auch mit mir etwas zu tun hat? Meine Affinität zu den Vögeln? Jetzt sind sie mir zum Greifen nah. Gefangen und frei zugleich, frei aber nur, wenn sie fliegen … Genug geschrieben jetzt und Zeit, zum Frühstück zu gehen.

Inzwischen ist es Abend. Ich sitze draussen auf dem Balkon, da geschehen seltsame Dinge. Aber eigentlich wundere ich mich nicht. Nach dem Frühstück machten wir einen Ausflug ans Meer hinunter. Dort gab es aber nichts, das uns gehalten hätte. Nur Lärm, Gestank und Hektik und bloss ein kleiner Strand, und in den nächsten Ort hätten wir der Strasse folgen müssen. So kehrten wir lieber um, bequem mit der Gondelbahn, und sogleich war es wieder anders. Nicht still, aber der Gang der Menschen, die das Erleben bestimmten, statt der rasenden Fahrt … Und gerade jetzt, während ich vom Lärm und von der Stille schreibe, rattert es laut über mir. Ein motorisierter Hängegleiter, der in Richtung Ätna entschwindet … Ob das jetzt der Weltmeister war, der den Everest überflog? Er lebe an den Hängen des Ätna, sagten sie im Fernsehen zu Hause.

Der Bauch von Mutter Erde

Verrückt, einfach verrückt! Wieder einmal passt alles zusammen. Die Vögel gestern, der Hängegleiter mit Motor, der Vulkan, das Rumoren in meinem Bauch letzte Nacht und das Rumoren im Bauch von Mutter Erde. Und ebenso passt dazu, was sich zutrug in der letzten Stunde im Zimmer nebenan: Rülpsen XXL, mir fehlen dafür die Worte. Zuvor hatten wir ein paar Stunden lesend auf dem Balkon verbracht. Immer wieder kam auch der Nachbar auf seinen Balkon hinaus. Ein Mann, den wir nicht kannten, und bloss ein paar Pflanzen, die uns trennten. Und was wir zu hören bekamen, ging ihm offensichtlich nah. Immer wieder kehrte er ins Zimmer zurück, und auf einmal begann es mit dem Rumoren. Eine halbe Stunde oder mehr dauerte das Donnergrollen an, und der Heiler in mir wurde wach. Nur ruhig atmen, ein, aus, ein, aus ... Mehr kannst du nicht tun ... Mit meiner Ruhe helfen, dass er entspannen kann ... Zur richtigen Zeit am richtigen Ort! Und der Mann braucht nichts davon zu wissen. Seine Blähungen gehen ab, wie es die Nacht zuvor meine eigenen Blähungen taten. Heilung für ihn und für mich und, wer weiss, auch Heilung für den Ort. Sein Bauch und mein Bauch und der Bauch von Mutter Erde. Alles mit allem verbunden. Auch das Buch, das ich gerade lese, passt zu dem, was geschieht. Ich war drauf und dran, aufzuhören und mit einem anderen Buch zu beginnen. Ich tat es nicht zum Glück. Auch im Roman hat sich der Krampf gelöst ... Buch und Bauch, wie nah sich die beiden doch stehen, nur ein einziges a entfernt.

Muttertag

Heute haben wir einen Ausflug auf den Ätna vor, und das bei schönstem Wetter. Und gestern Abend ein exquisites Essen im besten Haus am Platz: «Viccolo Stretto», enges Gässchen. Der Eingang in die Gasse ist nichts für dicke

Bäuche, aber trotzdem zwängt sich ab und zu der eine oder andere durch, dem guten Essen zulieb. Hinein in die enge Gasse, die Treppe hinauf durchs Haus und hinaus auf die Dachterrasse. Wir sind früh dran, bei den ersten Gästen an diesem Abend, und erhalten einen wunderbaren Platz, mit Blick über das nahe Kirchendach zum ruhenden Vulkan. Und immer wieder lassen wir die Blicke schweifen. Am Berg nur weisser Dampf. Das Feuerwerk findet unten in der Ebene statt. Vier Feuerwerke sind es, das erste noch fast am Tag. Sie mögen es kaum erwarten. Ob sie auch den Muttertag feiern, wie bei uns zu Hause?

Ein neuer Mensch

Es gäbe noch viel zu schreiben, aber eigentlich mag ich nicht. Am Morgen nach einem wild bewegten Tag. Wieder die Zeit vor dem Frühstück, draussen an der Sonne. Für den Moment nur ein paar Stichworte zu dem, was sich gestern ergab: unsere Fahrt auf den Vulkan. Faszinierend und abstossend zugleich. Nichts wächst mehr dort oben. Weite Sicht. Die Hitze des Berges und die bissige Kälte im Wind. Kalt auch in mir drin. Zurück ins Hotel, erschöpft, krank, Fieber. Liegen, lesen, schlafen. Rosa ganz anders. Ihr geht es so gut, dass sie am liebsten eine Party feiern möchte. Eher selten, dass sie das sagt. So hat sie bestimmt guten Grund zum Feiern. Ich nehme die Medikamente ein, die Rosa mir gibt, und füge mich in das, was sich nicht ändern lässt.

Die Medizin hilft, ich kann entspannen. Ums Loslassen geht es. Ich schlafe tief und fest und bin am anderen

Morgen ein neuer Mensch. Trotzdem gehen wir den Tag gemächlich an. Ein paar Einkäufe machen, ruhen und schwimmen im Pool.

Mit dem Buch, das ich am Montagabend begann, bin ich jetzt zum Ende gekommen: «Der fünfte Berg» von Coelho. Die Geschichte von der Lebensaufgabe, die ein jeder in sich trägt. Am Flughafen in Zürich war es dann doch noch zu haben …

Und wieder ruft das Frühstück.

Die Energie der Liebe

Freitag der Dreizehnte, stelle ich beim Schreiben fest. Die letzte Stunde auf dem sonnigen Balkon. Danach zurück nach Hause. Vor mir das weite Meer und in der Hand noch einmal Coelho. «Der Zahir» dieses Mal. Was Teilhard de Chardin gesagt habe, lese ich in diesem Moment: «Wir beherrschen bereits die Energie des Windes, der Meere und der Sonne. Doch an dem Tag, an dem der Mensch die Energie der Liebe zu beherrschen weiss, wird dies so wichtig sein wie die Entdeckung des Feuers.»

Und was ich mir dabei denke: die Elemente Luft, Wasser und Feuer und darin die Energie von Wind und Meer und Sonne. Die Energie der Liebe liegt dann in der Erde verborgen.

Pfingsten heute. Früh erwacht. Im Haus ist es noch still. Die richtige Zeit, um zu schreiben. Mit leiser Musik im Hintergrund. Maria Bethania singt. Rau und warm die Stimme. Nicht mehr die Tarantella von Sizilien. Auch dafür sind Reisen gut, dass Klänge und Rhythmen wechseln. Dass wir Veränderungen spüren und diese willkommen heissen, wenn es zurück nach Hause geht.

Die Vögel heute Morgen: die Tauben im Geäst und eine Amsel, mit perlendem Gesang, zuoberst auf der Birke.

Lotto, Zahlenlotto, das grosse Los. Während ich den Vögeln lausche, fällt mir ein, dass ich vergas, den Lottoschein zu erneuern. Dieses Mal bin ich also nicht dabei, und die Zahlen von letzter Woche muss ich auch noch prüfen. Als ob sich eine Erfahrung wiederholt: Die Zahlen und den Gewinn vergessen, dann erkenne ich den Wert der Gedanken, die mir zugeflogen sind.

Ich gehe zurück im Tagebuch. Nachlesen, was sich in Sizilien ergab, und weiterfahren, wo ich das Schreiben unterbrach. Am Sonntag, 8. Mai, ging es um das Buch, das ich gerade las: «Geh, wohin dein Herz dich trägt». Ich mag jetzt nicht die Stelle im Buch suchen, wo die Geschichte ihren Tiefpunkt erreicht und wo es, nach der Katharsis, wieder aufwärts geht. Wenn ich es noch einmal lese und wenn es dann noch eine Bedeutung hat für mich, werde ich es wieder wissen.

Der nächste Unterbruch beim Schreiben war am Mittwoch, 11. Mai. Um den Ätna ging es und ums Kranksein am Abend danach und um Coelhos «Der fünfte Berg». Darum ging es gerade, als wieder einmal das

Frühstück rief ... Kein Buch, das mich begeistert hätte, aber trotzdem musste es sein, zu dieser Zeit an diesem Ort. Hitze und Kälte zugleich. Und wenn ich weiterlese, was ich in Sizilien schrieb, dann zeigt sich noch manche Lücke, die zu schliessen wäre, nur fehlt mir dafür die Zeit. Ich muss mich einmal mehr mit Stichworten begnügen. Sie werden mir helfen, zu erinnern, sollte es beim Wiederlesen noch einmal von Bedeutung sein: die Mandorla, Mandel, Marzipan. Die Mandorla ist auch die Form, in die man in früheren Zeiten die Heiligenfiguren fasste. Und die Vulva der Frau? Ist diese nicht ähnlich geformt? Und eine Wolke am Tag der Ruhe, stabil während Stunden, zwischen uns und dem Vulkan. Auch die Wolke in der Form der Mandorla.

Dann Catania am anderen Tag. Der Fischmarkt laut und wild, in Stimmen, Formen, Gerüchen. Die Fülle des Meeres, nährend, auf einem kleinen, stinkenden Platz. Die Häuser, die ganze Stadt, Prunk und Verfall in einem. Palazzi noch und noch und junge Leute, die in den alten Häusern studieren. Die Villa im lauschigen Garten. Akademie der Künste, wie es im Reiseführer heisst, vor Ort aber angeschrieben als die Juristische Fakultät.

Dann Siracusa am Tag darauf, mit einem prächtigen Theater, von den Griechen in die Landschaft gebaut. Wieder werden hier, Jahr für Jahr für Jahr, die antiken Stücke gegeben. Eine moderne Bühne steht im alten Halbrund bereit. Und in der Altstadt die Quelle der Arethusa. Süsswasser direkt am Meer. Bloss eine Mauer, die trennt. Und dann der Dom. Alle Herrscher der Stadt haben die vorhandene Bausubstanz wieder und wieder übernommen und sie in neue Formen gefasst. Sie bauten hinzu, sie bauten um, und sie brachen Teile heraus. Der griechische Tempel mit den mächtigen Säulen ist in der christlichen Kirche noch gut zu erkennen. Etwas Einmaliges sei das, sagt der Mann, der uns zu den Sehenswürdigkeiten führt. Unterwegs erzählt er von sich und von seiner Familie, vom Grossvater, der am Hang des Ätna lebt. Zweimal habe der Vulkan Grossvaters Haus schon zerstört. An gleicher Stelle habe er es wieder aufgebaut. Für Grossvater, für ihn selbst, für die Menschen, die hier leben, sei der Vulkan ein Teil der Natur. Wer am Fluss lebe, ziehe auch nicht weg, nur weil er hin und wieder eine Überschwemmung zu erdulden habe.

Der Berg, das Feuer, der Tempel: Ob es der Vulkan war, der sie lehrte, aus der alten Form eine neue Form zu machen? Und der Platz vor dem Dom, schmal und zu beiden Seiten in einen Spitz auslaufend, was wieder die Mandorla ergibt. Und die Heimreise zuletzt, mit Streik, der in Italien, locker gesprochen, Sciopero heisst. Die Fluglotsen sind es dieses Mal. Gegen Abend nehmen sie die Arbeit wieder auf, und wir kommen, mit Verspätung zwar, doch noch zu Hause an. Warten zuvor im Ungewissen und vereint mit Reisenden aus aller Welt, verbunden in dem, was wir erfahren an diesem Ort in diesem Moment. Eine Frau aus der Schweiz, die schreibt. Sie schreibt da drüben, und ich lese hier: Coelho, «Der Zahir». Neben ihr sitzt ein dicker Italiener, der telefoniert, telefoniert, telefoniert. Immer wieder steht er auf, geht hin und her, von da nach dort und zurück an seinen Platz. Um Geschäfte geht es, von Preisen spricht er, von Kunden und Rabatt. Er verwirft die Hände, die freie Hand auf jeden Fall, und winkt mit seinem Papier, als ob er es dem am anderen Ende um die Ohren schlagen und auf den Tisch knallen will. Hin und her und hin und her, wie das Raubtier im Käfig gefangen. Reden, reden, reden. Man fragt sich, ob der andere am anderen Ende auch etwas dazu sagt? Oder reden beide zur gleichen Zeit, aneinander vorbei vielleicht? Oder Reden und Hören in einem, sind sie darin besonders begabt? Oder spielt der Mann ein Spiel, und der Streik schenkt ihm ein willkommenes Publikum? Für mich, für uns erfüllt er seine Aufgabe gut. Sein Lärmen und Gestikulieren schlägt eine Brücke zwischen ihr und mir. Blicke zuerst. Dann Schulterzucken auf den Mann bezogen. Dann ein paar Worte auf Distanz, er kann uns ja nicht verstehen. Und zuletzt kommt die Frau, dem Nachbarn entfliehend, zu mir und macht ihrem Ärger Luft. Eine Zumutung sei es, meint sie. Sie regt sich auf über die vielen persönlichen Gespräche, die man per Telefon ungeniert in aller Öffentlichkeit führt. Ein Wort gibt das andere, und schon reden auch wir beide über ziemlich persönliche Dinge. Am Buch, das ich in den Händen halte, knüpfen wir beim Reden an. Lesen, Schreiben und Forschen über das, was Gott, die Welt und wir selber sind. Das sind die Themen, in denen wir uns finden. Ein Anwalt sei ich, und bei einer Heilerin hätte ich gelernt, erzähle ich der Frau. Auch ums Schreiben geht es, um die Bücher, die wir beide schreiben. Die Frau ist Journalistin, ihr Schreiben ist schon ihr Beruf.

Nahrung für die Seele

Als ich mich gestern durch die Zeitungen aus der Ferienwoche wühlte, fand sich darin ein Artikel über Coelhos neuen Roman. Ratlos sei er, schreibt der Rezensent mit Namen Martin Ebel. Eigentlich weiss er nichts damit anzufangen. Er drückt nur sein Erstaunen aus, dass sich solche Bücher derart erfolgreich verkaufen, wo doch andere, weit bessere Werke, den Erfolg viel eher verdient hätten. «Millionenerfolge mit Fünf-Rappen-Esoterik» lautet der Titel, und er stellt dem die «wirkliche Esoterik» gegenüber. Luftschlossähnlich sei diese zwar, ihrer Komplexität zollt er aber Achtung und Respekt. Coelho nennt er simpel und banal. Als Lebenshilfe würden seine Bücher in Anspruch genommen – wo er recht hat, der Herr Rezensent –, dafür aber ist ihm Coelho zu wenig konkret. Auch damit liegt er nicht falsch, wenn er, ohne jedes Interesse, Coelhos Erzählen nur an der Oberfläche sieht. Konkret wird es nur für den, der selbst auf verschlungenen Pfaden auf Spurensuche geht im Land des Spirituellen. Und für die vielen anderen Leser, die nicht auf solche Weise forschen, sind Coelhos Werke ganz einfach Nahrung für die Seele.

Was ich selber mit meinem Schreiben will, ist der Brückenschlag von da nach dort: der Blick hinein und der Blick hinaus zugleich. Das alltägliche Geschehen, die Erfahrung von Vater und von mir, verbunden mit dem Erkennen tief innen, ist meine Geschichte allein und banal in diesem Sinne. Für den Leser ist es mehr, wenn die Geschichte, die ich erzähle, seine Geschichte weckt. Mein Erzählen hilft ihm dann, selbst eine Brücke zu bauen, die er Tag für Tag begeht, am Ort, am Fluss, wo er wohnt.

Jetzt bin ich mit dem Tagebuch wieder à jour. Morgen will ich mit dem Brief an Vater beginnen, den ich im neuen Manuskript an den Anfang setzen werde. Der Tag passt gut, Vaters Geburtstag morgen.

Aus Wörtern und Sätzen gestrickt

Es geht mir leicht von der Hand. Mit dem ersten Brief an Vater bin ich schon fertig geworden. Es ist schön, zu erleben, wie sich, was ich erzähle, während dem Schreiben ergibt, und wie es anders kommt, als ich mir im Voraus denke. Dabei fallen mir auch Dinge ein, die nicht für die Geschichte bestimmt sind, an der ich gerade dran bin: Körper, Geist und Seele und die Nahrung, die sie brauchen. Was der Körper ist, das ist uns wohlbekannt. Wie er idealerweise zu ernähren wäre, wissen wir mehr oder weniger gut. Was der Geist ist, da haben wir keine Ahnung, aber trotzdem erklären wir ihn. Die einen sagen Gott und göttlich. Auf ebenso rätselhafte Weise wollen wir ihn füttern, weltweit auf immer andere Weise. Und die Seele? Auch die kennt niemand wirklich. Fast alle aber wissen, dass die Seele Wärme braucht. Waren wir krank als Kinder, band uns Mutter über Schulter, Brust und Herz ihre selbstgestrickten wollenen Tücher, die Seelenwärmer um. Was die Seele wärmt, ist leicht zu spüren. Wir merken wohl, wo es uns gefällt, bei wem wir gern verweilen. Wir lieben Lieder, Musik, die Berge, Reisen, das Meer, vielleicht unsere Arbeit auch. Wir freuen uns am Leben, dann ist die Seele, was immer sie ist, genährt. Bücher können Seelenwärmer sein, aus Wörtern und Sätzen gestrickt.

Ein geheimnisvolles Dorf

Ein Knistern im Kamin, ein schwerer Wein im Glas und ein Buch in seinen Händen, das ihm das Herz erwärmt, um die Kälte zu vergessen. Seine Bärenhöhle schuf er sich auf diese Art, da ihn sein Menschsein zwang, den Winter wach zu überdauern. Und in den frühen Märzentagen war die Höhlenzeit vorbei in diesem Jahr. Der Frühling, mit Sonnenschein und Wärme, war stärker als alles, was er las. Das Lesen, dachte er, muss ich noch einmal kürzer halten, und er machte sich auf den Weg an einen seiner liebsten Plätze. Quinten, der verträumte Ort, nur zu Fuss oder über das Wasser zu erreichen. Ein kleines, geheimnisvolles Dorf, mit dem magischen Zahlennamen. Ein Ort, wo es ihm schon oft leichtgefallen war, das Wesentliche zu erkennen und seine Schlüsse daraus zu ziehen: seine Quint-essenz.

Spazieren auf dem Weg am See, Steine und Schwemmholz am Strand. Immer wieder fand er neue Formen, Farben und Figuren. Die Sammlung zu Hause wuchs, bis er nach ein paar Jahren vom Sammeln genug hatte. Nur besonders schöne Exemplare und ganz kleine nahm er noch mit, wenn sie ihn erfreuten, ohne Ballast zu sein. Und jetzt nicht einmal mehr das. Und doch, vielleicht, wer weiss, ein Einzelstück, eines von diesen ... die er dann doch ... man weiss ja nie ... Rosa oder einem Grosskind oder einer der Schwiegertöchter als Geschenk nach Hause brächte?

Unter der mächtigen Platane sass er, noch unbelaubt zu dieser Zeit, mit einem feinen Fisch auf dem Teller und im Glas ein Gewächs von hier, geerntet im Herbst vor einem Jahr im Weinberg über dem Dorf, am Fuss der sieben Berge. Der kleine Stein – er konnte ihm nicht widerstehen – schwarz und flach, mit einem kreisrunden, weissen Ring, von den ewigen Wellen geformt, lag neben dem Glas auf dem Tisch. Und das glitzernde Blau auf dem See und am Sonnenhang das neu erwachte Grün. Das siebzigste Mal, dass er das erlebte. Er genoss, was ihm in den jüngeren Jahren, Jahr für Jahr, unbemerkt geschah. Und morgen bei Zeiten, das entschied er schon jetzt, würde er hinauf zum Paxmal fahren, zur Friedensstätte, die der Künstler Bickel über zwanzig Jahre eigenhändig schuf. Der Künstler, dessen Werk, im Briefmarkenformat, alle in seiner Generation schon als Kinder kannten. Wer der Mann dahinter war, und dass er am Ort, wo er zur Zeit des Kriegs von seiner Krankheit genas, eine Gedenkstätte für den Frieden unter die Felsen baute, erfuhr Heilmann erst nach Jahren.

Das Wetter war perfekt auch für morgen angesagt. Zu schön, um den ganzen Tag beim Lesen zu versitzen. Und danach dann die Briefe, am Nachmittag und am Abend. Das müsste genügen, um zum «Buch» zu kommen, das nur ihm selbst und ein paar Freunden ein paar Winterstunden wärmte. Ein Manuskript war es geblieben, ein Buch wurde nie daraus. Ob er es bedauern sollte oder sich darüber freuen? Das fragte er sich oft.

In die Form gefunden

Liebe Esther
Wie doch alles wieder passt! Gestern kam Dein Buch bei mir an, für das ich mich herzlich bedanke, und am gleichen Tag brachte David mein neues Manuskript in die Form.
Es ist halt schon ein gutes Gefühl, wenn das Werk, das man schafft, in die passende Form sich findet. Was als Buch gedacht ist, soll ein Buch auch werden. Da hast Du

gut daran getan, zur Tat zu schreiten, auch wenn der Eigenverlag nicht das war, was Du suchtest.
Für mich ist ein anderer Weg gegeben, so hoffe ich auf jeden Fall. Morgen treffe ich mich mit meinem Bruder. Ich wäre nicht überrascht, wenn bei ihm eine Tür aufginge. Ich gehe bewusst diesen Weg, weil ich auch die Verbindung von Geld und Geist als eine meiner Aufgaben sehe. Was ich produziere, ist auch eine Ware, die gehandelt werden will. Handeln, Handauflegen, Hand anlegen, anpacken. Es gibt unglaublich viele Formen, in denen wir Himmel und Erde verbinden.
Eine kleine Kostprobe lege ich Dir bei. Wenn Du das Ganze lesen möchtest, sag es bitte. Ansonsten melde ich mich wieder, wenn mein Buch erscheint.
Auf die Veranstaltung im Herbst und auf unseren gemeinsamen Auftritt – Du als Heilerin und ich als Dein Rahmenprogramm – freue ich mich schon jetzt. Und ob es danach schon bald noch einen Auftritt gibt? Den Heilerkongress in Basel meine ich und den Autorenwettbewerb zum Thema Sinnsuche, den sie angekündigt haben. Ich nehme am Wettbewerb teil. Du siehst, liebe Esther, es läuft einiges bei mir. Wohin es führt, wird sich zeigen. Ich wünsche auch Dir eine gute Zeit.
Herzliche Grüsse
Ben

PS: Das Erste, was mich anspricht in Deinem Buch, ist – wen wundert's?! – die Geschichte vom Buchhändler Weyermann, der sagt: «Spirituell leben, heisst begeistert leben.» Eigentlich ist damit ja alles schon gesagt. Aber trotzdem ist es gut, dass es Geschichten gibt, um es wieder und wieder zu sagen.

Sehr geehrter Herr Breitfeld
Es ist Sonntagmittag. Ich sitze am Arbeitsplatz, wo ich die Woche über rechtliche Probleme wälze. Ich ordne meine Gedanken, und Worte entstehen daraus, die mein Werk zu Ihnen begleiten. Weshalb zu Ihnen persönlich und nicht einfach zum Verlag? Das hat mit einer Geschichte zu tun, die mir in die Hände kam vor Kurzem: Joel ben Izzy, «Der Geschichtenerzähler oder das Geheimnis des Glücks». Bei meinem Bruder Jean fragte ich nach, wer dieses Kleinod bei Herder lektorierte. So bin ich zu Ihnen gelangt. Wer das Gespür für ben Izzys Sterne hat, hat es auch für mein «Wolkenland», habe ich mir gedacht.
Vier geschriebene Werke liegen vor mir auf dem Pult: drei Bücher, alle bei Herder erschienen, und mein Manuskript. Was ich mit ben Izzys Buch erlebte, erzähle ich Ihnen gern, wenn wir uns einmal sehen.
Die zwei anderen Bücher sind letzte Woche zu mir gelangt, auf unerwartete Weise. «Ein Traum von Kirche – Menschlichkeit nach Jesu Art» war am Dienstag plötzlich da, zwei Tage bevor ich mich mit meinem Bruder traf. Ich las, was folgt und staunte: «... Hätten jene beiden nur mehr versucht zu bewahren, was ihnen zu bewahren – kraft ihres übernommenen Glaubens – wichtig erschien, sie hätten gleich eine Kirche gegründet ... Auf dem Weg zu ihren menschlichen Quellen aber – eine vielleicht zu oft zu fremde Perspektive – gesellte Er sich hinzu und ging mit ihnen ...» – Fast hätte ich «ihnen» auch noch gross geschrieben.
Und das dritte Buch, «Der wunderbare Träumer» des Japaners Shusaku Endo, schenkte mir mein Bruder, als ich ihn im Geschäft besuchte. Auf der Führung durch den

Betrieb gab er es mir in die Hand. Und nun beim Lesen werde ich mir bewusst, dass Endos Träumer und Tolpatsch auch einiges mit mir gemeinsam hat. Ich freue mich auf Ihre Antwort.
Freundliche Grüsse
Bruno Benjamin Heilmann

Sehr geehrter Herr Breitfeld
«Fernweh» heisst eine Sommerserie im Schweizer Fernsehen. Die Kamera geht auf die Reise mit. Eine Frau sucht die Eisbären in der Kälte von Spitzbergen. Eine andere Frau zieht es an den Ort, wo Elvis Presley lebte. Und ein Mann ist über Wochen auf dem Jakobsweg unterwegs. Eindrücke und Gespräche mit ihm und mit anderen Pilgern werden uns gezeigt.
Es ist ein langer Weg von Saint-Jean-Pied-de-Port bis Santiago de Compostela. «Ein Weg, den man nur einmal im Leben geht», sagen die einen. Von einem besonderen Weg, den schon viele Menschen gingen und noch viele gehen, sprechen andere. In sich gehen wollen sie. Zur Ruhe kommen wollen sie. Die berühmte Muschel hängen sie an den Stock, an den Rucksack oder sich selber um den Hals, und «Buen Camino!» rufen sie sich zu, wenn sie sich unterwegs begegnen.
Ich schaue und ich weiss, dass ich mein Buch, um es auf den Boden zu bringen, auch «Mein Jakobsweg durchs Leben» nennen könnte. Dann ist es die Geschichte von einem, der vom Jakobsweg liest und hört, jedoch nicht selber pilgert. Seine Wege gehen anders, denkt er, um nach und nach zu erkennen, dass es überall Jakobswege gibt. Ein dichtes Netz von Wegen überzieht den Kontinent und weist

darüber hinaus. Erst zuletzt, für ein kurzes Stück, auf das Ganze gesehen, kommen die Pilger zusammen, und ihr gemeinsames Ziel ist schliesslich ... Compostela – was Sternenfeld bedeutet, ins Deutsche übersetzt. Und so wäre ich wieder bei ben Izzi und beim Bauern oder Gärtner, der auf der Buchhülle, die Sie kennen, mit dem grossen Rechen die Sterne zusammennimmt, die vom Himmel fallen.
Gehe ich recht in der Annahme, dass auch der Lektor, der Sie sind, ein Bauer oder Gärtner ist? Was für den Bauern zählt, ist in erster Linie die Frage, ob sich die Früchte, die er zieht, auf dem Markt verkaufen lassen. Gekauft wird, was man kennt, da kenne ich mich selbst gut genug. Als ich das erste Mal Rondini sah, war ich auch froh, zu erfahren, dass diese wie Kürbisse sind, nur kleiner. Und so sage ich jetzt gern: Ich erzähle in meinem Buch von Heilern und Schamanen und sage «Jakobsweg», weil das alle seit jeher kennen ...

Sehr geehrter Herr Breitfeld
Ich komme zurück auf meine Schreiben vom 11. und 19. Juli. Nicht, dass ich Sie drängen will. Es ist nur so, dass ein Entscheid ansteht, für den ich Ihren Rat in Anspruch nehmen möchte.
Am Heilerkongress in Basel gibt es in diesem Jahr einen Autorenwettbewerb zum Thema Sinnsuche. Texte zu den Themenschwerpunkten des Kongresses werden gesucht. Einsendeschluss ist der 1. Oktober. Zu allen drei Themen würde ich gern einen Text einreichen, nämlich die Kapitel 4, 9 und 21 aus dem Manuskript, das Ihnen vorliegt.
Oder vielleicht reiche ich auch nur einen von diesen Texten ein, nämlich «Stilles Ahnen». Er scheint mir am besten in

dieses Umfeld von Heilern und Sinnsuchern zu passen ...

Sehr geehrter Herr Heilmann
Bitte entschuldigen Sie, dass ich mich erst heute bei Ihnen melde. Ich war ... Haben Sie vielen Dank für das Angebot, Ihr Buch in unserem Hause zu veröffentlichen. Ich habe ... und es hinsichtlich einer Aufnahme in unser Programm geprüft. Leider muss ich Ihnen ... keine Möglichkeit ... zu «belletristisch» und würde ... Betrachten Sie dieses nicht als Qualitäts- oder Werturteil. Es bedeutet lediglich ...

Um die Sinnsuche geht es

Sehr geehrte Damen und Herren
Ich weiss, dass es Verlage gibt, die sich mit unverlangt zugesandten Manuskripten nicht befassen. Gehören Sie zu diesen, dann will ich es einfach machen. Das Porto für die Retournierung liegt bei. Ist es bei Ihnen aber anders und halten Sie es, wie ich selbst, für möglich, dass auf dem scheinbar gesättigten Buchmarkt doch immer wieder auch Platz für Neues entsteht, und dass solch Neues auf unverhofften Wegen zu den Verlagen findet, dann lesen Sie bitte weiter.
Was ist neu an dem, was ich anzubieten habe? Briefe eines Sohnes an den Vater gibt es in den Büchern eigentlich schon genug, aber trotzdem sind die Briefe in meiner Geschichte hilfreich. Sie sind dafür da, den Leser emotional zu packen und ihm die Person des noch unbekannten Autors und Ich-Erzählers in Kürze näher zu bringen. Hernach folgt das, was ich auf dem Buchmarkt noch nicht

fand. Um die Sinnsuche geht es, um eines der prägenden Themen unserer Zeit. Dazu gibt es eine Unmenge Bücher, die auf dem Fundament der althergebrachten Traditionen und Religionen stehen. Leser, die sich in keiner dieser Traditionen mehr festsetzen wollen – ihre Zahl ist am Wachsen –, sind dieser Bücher bald einmal überdrüssig. Dann gibt es die grosse Menge esoterischer Literatur. Sie kultiviert den Blick nach innen und ist für viele zu sehr von der Welt abgewandt, um wirklich hilfreich zu sein. Auch hier finden die Leserinnen und Leser die Impulse, Anregungen und das Verständnis für ihr Leben im Alltag kaum. Was dann bleibt, sind die Romane eines Paulo Coelho, einer Susanna Tamaro, eines Jostein Gaarder und eines Sergio Bambaren. Sie werden in Mengen konsumiert, weil sie Nahrung sind für die Seele, die, aus dem spirituell-religiösen Gefängnis der Traditionen befreit, nicht mehr auf die Rechnung kommt.

Und hier liegt, wie ich meine, die Lösung für das Rätsel, das auch professionelle Büchermenschen kapitulieren lässt. Martin Ebel zum Beispiel zu Coelhos «Der Zahir» im Tages-Anzeiger vom 11. Mai. In einem hat Ebel wahrscheinlich recht: «... Coelho bespricht die Wunden. Das reicht, damit seine Patienten sich verstanden fühlen ... Einen Weg zur Heilung kennt er nicht, nicht einmal einen Wegweiser ... Was Coelho den spirituell Bedürftigen verabreicht, sind stattdessen – und hier folgt jetzt doch ein Erklärungsversuch: Drogen ...».

Ja, Herr Ebel, suchen und Sucht haben einiges gemeinsam. Wer Sinn sucht, ist sehr wohl gefährdet, seiner Sucht zu verfallen, ob die Droge Coelho heisst, oder ob wir sie Begeisterung nennen. Wer begeistert lebt, hebt ab. Aber landen muss letztlich jeder, mehr oder weniger sanft.

Um diesen Flug geht es in meiner Geschichte. Ich fliege durch die Wolken. Gelegentlich reisst es auf, und ich erkenne Bruchstücke von dem, was sich unten auf der Erde ereignet. Dann verbinde ich es mit dem, was mir im Moment des Blindflugs mein Blick nach innen zeigt. Und wie Sie sehen, wenn Sie es lesen, sind im «Wolkenland» Coelho und Konsorten doch auch als Wegweiser tätig.
Und dann fragen Sie vielleicht, weshalb es mich noch braucht, wenn da oben die Coelhos, Tamaros, Gaarders und Bambarens schon wirken? Ich erzähle bewusst von mir und von den real existierenden Personen in meinem Umfeld. Ich biete dem Leser, dessen Wunden Coelho bespricht – um bei Ebels Worten zu bleiben –, Heilung an, indem ich von meinem Weg erzähle und die Leser ermutige, sich auf ihren Weg zu machen. Und zugleich stelle ich mit meinem ersten Buch den neuen Autor vor, der mit dem Handauflegen begann und nach jahrelangem Suchen in eigene Formen findet, mit denen er die Menschen – die Leser und Leserinnen jetzt – handfest berührt. Das Ergebnis sind Geschichten.
Und warum sollen meine Geschichten bei Ihnen erscheinen? Weil Sie der einzige Verlag sind, bei dem die Weisheiten des Dalai Lama in der gleichen Form erscheinen wie die Krimis von Donna Leon. Bei Ihnen ist der Verlag Programm. Die Frage «Sachbuch oder Roman?» tritt dann in den Hintergrund. In diesem Sinn: Ich bin gern zum Gespräch mit Ihnen bereit.
Freundliche Grüsse
Bruno Benjamin Heilmann

PS: Oder vielleicht auch «Wolkenland – Von Heiligen und von Heilern». So wird es noch konkreter. Und im Bild:

Rom, St. Peter, die Heiligen auf den Balustraden, mit Blick auf die Rätsel da unten auf dem Platz.

Sehr geehrte Damen und Herren
Ich komme auf mein Schreiben vom 29. August zurück, mit dem ich Ihnen mein Manuskript zusandte. Die Sache ist reif, fortgesetzt zu werden. Kann dies bei Ihnen geschehen, dann sagen Sie es bitte bald ...

Sehr geehrter Herr Heilmann
Haben Sie vielen Dank für Ihr Angebot. Wir haben Ihr Werk im Lektorat geprüft, konnten uns aber nicht für eine Aufnahme in unser Verlagsprogramm entscheiden. Aufgrund unserer Verpflichtungen, besonders den langjährigen Hausautoren gegenüber, ist unser Spielraum ...

Das Aussergewöhnliche wagen

Sehr geehrter Herr Frischknecht
Am Vorabend von Weihnachten erlaube ich mir, Sie zu fragen, ob Sie das beiliegende Manuskript zum Buch machen möchten. «Wolkenland – Eine Art Roman» ist mein Arbeitstitel. Er hat seinen Ursprung in meinem Unvermögen, die eigene Geschichte einer Sparte zuzuordnen. Andere Titel sind denkbar, zum Beispiel «Mein Jakobsweg durchs Leben». Im diesem Fall stünden vorne im Buch die folgenden Sätze von Coelho: «Ein Mensch darf nie aufhören zu träumen. Der Traum ist für die Seele, was Nahrung für den Körper bedeutet ... Auch du musst lernen, den guten

Kampf zu kämpfen. Du hast bereits gelernt, das Abenteuer und die Herausforderung des Lebens anzunehmen, doch das Aussergewöhnliche willst du noch immer verneinen ... Was mit dir geschehen ist, das geschieht jeden Tag mit allen Menschen. Wir sehen immer den besseren Weg, doch beschreiten nur den, den wir gewohnt sind.»
Und dazu meine eigenen Worte vom Ende des dreissigsten Kapitels: «Und wenn wir das Ungewohnte wagen, wenn wir das Aussergewöhnliche bejahen und bereit sind, es anzunehmen? Der ach so gewöhnliche Alltag birgt dann die Kraft des Wunders.»
Und was meine Person anbelangt, die Sie als mein Verleger natürlich kennen müssten ...

Sehr geehrter Herr Heilmann
Danke für die Zusendung Ihres Manuskriptes zur Prüfung an meinen Verlag. Nach der Lektüre der ersten zwanzig Seiten und weiterer Kapitel, die ich mehr summarisch las, muss ich Ihnen mitteilen, dass ... nicht in Frage kommt. Das ist nicht die Sorte Literatur, die ich suche. Wenn es ein Roman sein soll, dann bieten wir unseren Lesern gerne auch die entsprechenden Elemente dieser Literaturgattung an: eine Geschichte, die einnimmt und auf charmante Weise neue Horizonte öffnet. Gerade im vergangenen Jahr haben wir ... Wenn es ein autobiografischer Bericht sein sollte, dann ... Bücher, die bei uns erscheinen, sollen leidenschaftlich sein ... In diesem Zusammenhang ...

Den langen Schnauf, den hatte er, und hartnäckig war er auch. Im Beruf geübt und jahrelang bewährt. Aber trotzdem, es war doch etwas anderes, mit der eigenen Geschichte hausieren zu gehen und eins ums andere Mal mit den besten Wünschen auf den Weg gewiesen zu werden. Nach der Abfuhr bei Frischknecht war's genug.

Ausgerechnet Frischknecht! Ein Suchender wie er, so hatte er damals gedacht. Und keine Leidenschaft! Nein wirklich! Das konnte nur einer sagen, der ihn nicht kannte und nicht kennenlernen wollte. Da waren ihm die Antworten der anderen Verleger noch lieber, auch wenn es nur Standardsätze waren. Wenn einer nicht will, dann will er nicht, dann soll er es einfach sagen! Kurz und bündig, aus und amen, damit das Kapitel geschlossen werden kann.

Aber wofür dann die Kritik und der Vergleich mit den anderen Werken, die beim Verleger Gnade fanden? Wo er sich bei ihm erst gar nicht die Mühe machte ... Wer weiss, ob er das hoch gelobte französische Werk vor allem deshalb in der deutschen Übersetzung verlegte, weil es im Original schon erfolgreich war und das Risiko für ihn dementsprechend gering? Und der altgediente Wirtschaftsmann, im ganzen Land schon bekannt, bevor er zu seinen altersweisen spirituellen Erkenntnissen kam. Ganz klar, war es weniger gewagt, diesen bekannten Autor zu verlegen, als einen Nobody, der sich in die Behauptung versteigt, das reale Leben wäre eine Ansammlung von Geschichten. Und die Künstlerin in China. Jahrhunderte überliefert, dann muss es ja wertvoll sein! Und zuletzt noch die Amerikanerin mit ihrem «Schreib dich frei». Wer drüben erfolgreich war, wurde in dieser Szene auch hierzulande geschätzt. Damals war das auf jeden Fall noch so. Die knappen, klaren Kapitel in ihrem Werk sollten wertvoll sein, und ihre Aussagen seien auf den Punkt gebracht. Und wenn das Leben nicht so ist, wie es die Amerikanerin in ihrer Instant-Gebrauchsanleitung punktgenau beschreibt?!

Aber eigentlich war das alles längst vorbei, und vielleicht tat er all diesen Autoren, die er nicht wirklich kannte, damals und heute nicht, ganz einfach Unrecht, weil sie Schönes, Wertvolles, Erhellendes und Unterhaltendes geschrieben hatten, von dem das eine oder andere auch ihm gefallen hätte, wenn er bereit gewesen wäre, sich darauf einzulassen. Und vielleicht hatte auch der Verleger nur die beste Absicht, als er ihm seine Belehrung erteilte, oder er hatte einen schlechten Tag, oder er war es überdrüssig, schon wieder von einem Möchtegern-Schriftsteller und haltlos Spirituellen seine Zeit gestohlen zu bekommen. Aber trotzdem: Heilmann tat es gut, das Feuer, das ihn damals antrieb, auch jetzt noch im Herzen zu spüren.

Das Feuer, das wärmt und nährt, und das Feuer, das verbrennt. Das war sein letzter Gedanke an diesem Abend, bevor er die Briefe zur Seite legte und sich anschickte, schlafen zu gehen. Er lag gut in der Zeit, und die nächsten beiden Tage würde es noch einmal schneien. Der Winter wieder zurück. Alles noch einmal weiss. So würde ihn nichts beim Lesen stören: keine Sonne und kein Blühen und kein frisches Grün. Und vielleicht war ja nicht alles falsch, was ihm der Herr Frischknecht schrieb. Ob es langweilt oder einnimmt auf charmante Weise – Heilmann blieb bei Frischknechts gut gewählten Worten –, würde er morgen wissen. Die Warte des Lesers einzunehmen, der von einer Geschichte ein Stück weit mitgenommen werden will, fiel ihm inzwischen leicht, denn auch beim Lesen war er von dem, der sich mit Geschichten therapierte, zum Geniessen übergegangen.

Ob seine Geschichten noch geniessbar wären?, stellte Heilmann sich die Frage. Vielleicht war es wie beim schweren Wein, den er am liebsten trank. Auch der braucht seine Zeit. Aber wehe, wenn einer dieser wertvollen Tropfen zu lange liegen bleibt! Dann taugt er, auch bei höchster Qualität, höchstens noch zum Kochen.

Teil 2:

Wolkenland

(im Jahr 2005)

«... Nun sah ich entzückt, dass dies alles nur verschüttet und verdunkelt gewesen war und dass es möglich sei, auch als Freigewordener und auf Kinderglück Verzichtender die Welt strahlen zu sehen und die innigen Schauer des kindlichen Sehens zu kosten.»
(Hermann Hesse, «Demian»)

Lieber Vater
Jeden Tag erhalte ich eine Menge Post. Wir Anwälte und Notare sind wahrscheinlich die Letzten, die dem Brief noch den Vorzug geben. Was geschrieben steht in einem Brief, lässt sich nicht so leicht verdrehen, das hoffe ich immer wieder. Dass aber die andere Seite, was sie schreibt, mit dem gleichen Anspruch verfasst, müsste ich eigentlich wissen. Und trotzdem bin ich immer wieder erstaunt, wenn ich eine Antwort erhalte.
Aber darum geht es mir jetzt nicht. Es geht mir um einen Brief, den ich Dir vor ein paar Tagen fast geschrieben hätte, und um einen Brief, den ich am gleichen Tag erhielt. Was mir der andere Anwalt schrieb, darf ich Dir nicht sagen. Von den Gedanken aber, die dieser andere Brief mir schenkte, erzähle ich Dir gern. Um den Poststempel geht es, um eine Kleinigkeit, die wir meistens übersehen. Du kennst sie ja auch, diese Stempel, mit denen geworben wird. GROSSES BEGINNT MIT EINEM BRIEF, so wirbt die Post für sich.
Etwas Grosses? Was ist damit gemeint? Wie kommt die Werbung an, wenn mit dem, was im Umschlag steckt, ein Prozess eröffnet wird? Auch das wäre etwas Grosses. Ob es den Adressaten jedoch freut, vom Anwalt abgesehen? Aber auch das nur nebenbei. Das ist, ich weiss, nicht Deine Art. Du warst schon immer mehr ein Mann der Tat und nicht der Gedankenspiele. So bist Du auch nicht Dichter, sondern Zimmermann geworden.
Etwas GROSSES also BEGINNT MIT EINEM BRIEF. Das erste Mal, dass mir dieser Stempel begegnet. Warum gerade heute? Erhalte ich wieder einmal auf seltsame Art ein Zeichen? Auch davon hältst Du wenig. Handfest willst Du es haben, und vielleicht hast Du ja recht. Aber trotzdem,

ich bleibe bei der Frage. Und ja, ein Zeichen für mich. Mit einem Brief soll es beginnen.
Wann soll das sein? Mit welchem meiner Briefe? Zwei Antworten bieten sich an.
Wie Du weisst, Vater, habe ich meine Kreise in den letzten Jahren auch abseits vom Beruf gedreht. Von meinen Heiler-Abenteuern habe ich Dir und Mutter schon das eine oder andere erzählt. Das meiste blieb Dir fremd. Wovon ich sprach, lag so weit weg von dem, was Du Dein Leben lang machtest. Und auch ich selber brauchte lange, bis ich wusste, was ich suchte und was ich fand. Davor war es mehr ein Spüren, dass ich auf den richtigen Wegen ging. Meistens auf jeden Fall hatte ich dieses sichere Gefühl, obwohl mir beim Nachdenken immer wieder auch die Zweifel kamen.
Nach Jahren war ich dann so weit, dass ich mich erklären konnte. Ein Heiler wollte ich sein, jedoch ein anderer, als es der Tradition entsprach. Meine eigene Form hatte ich gefunden, und ich entschloss mich, sie «Heilen im Alltag» zu nennen. Darüber begann ich zu schreiben. Heilende Geschichten sollten dabei entstehen. Nur Geschichten genügten mir nicht.
Vielleicht, Vater, hat uns ja die gleiche Frage beschäftigt. Dich viel länger schon als mich. Erinnerst Du Dich, wie Du uns schon in jungen Jahren von Deinem Wunsch erzähltest, eine Drehbank zu besitzen? Fast 70 warst Du, als Du, befreit vom Zwang, rentabel wirtschaften zu müssen, Deinen Traum verwirklicht hast. Spielsachen für die Grosskinder stellst Du jetzt her, oder Pilze aus Holz, die nur einfach schön sind. Und an den Kreiseln, die Du herstellst, hast Du lange geübt, bis Du zufrieden warst. Sie drehen gut, die Kreisel aus Deiner Werkstatt. Auch bei mir liegt

einer bereit, gedreht zu werden, wenn meine Gedanken einen Anker in der Mitte suchen.

Aber warum erzähle ich Dir das alles? Weil wir uns nahe kamen, schon in jungen Jahren, und uns doch nicht verstanden haben. Und weil ich erkannte mit der Zeit, was ich wirklich, wirklich will. Ich weiss jetzt auch, dass das, was ich will, nicht viel anders ist als das, was Du lange mit Dir trugst. Weshalb es mir wichtig ist, nicht so lange zu warten mit diesem meinem Traum, das will ich Dir erklären.
Es begann mit meinen Geschichten im Winter vor zwei Jahren, um die Zeit, als ich 47 wurde. Ihr wart auch da am Fest. Erzählt habe ich noch nichts. Dass es ein Buch werden könnte, hoffte ich zwar, aber sicher war ich mir noch nicht. «Frei und geborgen» lautete fürs Erste der Titel, und darunter schrieb ich: «Von einem, der auszog, das Licht zu finden». Ein Untertitel, der zu einem Märchen passte. Über meine erlebten Geschichten warf er aber den Schatten meiner Zweifel.
Im Sommer drauf war ich schon so weit, dass ich mich nach einem Verlag umschauen wollte. Ich knüpfte erste Kontakte und erhielt ein erstes Echo. Ob meine Geschichten nicht zu intim wären, stellte man mir die Frage. Die Frage half zu heilen. Die Frage schenkte mir Einsicht: Ich hatte noch nicht den Mut, mich zu zeigen, wie ich bin.

Etwas GROSSES, wie gesagt, BEGINNT MIT EINEM BRIEF. Noch immer, lieber Vater, geht es mir um die Frage nach dem Zeichen. Ging es um den Brief, mit dem ich mein Manuskript in der neuen Fassung einem Verlag vorstellen wollte? Anwalt in eigener Sache bin ich in diesem Fall und lege mit aller Sorgfalt dar, weshalb es passen würde, für mich und für den Verlag. Etwas Grosses wäre es schon, wenn ich hier meine Chance erhielte. Oder war der andere Brief gemeint, den ich Dir schreiben wollte und der ungeschrieben blieb? Ich musste mich nicht entscheiden. Das Manuskript ging auf die Post, und den Brief an Dich schrieb ich am gleichen Tag, aber Du hast ihn nicht erhalten. Da war etwas, das mich davon abhielt, diesen Brief auf die Post zu bringen.

Zwei Tage später war mir klar, um was es dabei ging. Du weisst, Vater, dass ich unser Brot backe auf das Wochenende hin, wenn ich die Zeit dafür finde. Du und Mutter, Ihr habt ja auch schon meinen Sonntagszopf gekostet. Samstag ist es also wieder. Meine Hände sind im Teig, und meine Blicke lasse ich schweifen, durch den Garten und über das Nachbarhaus zu den Wolken. Ich knete und ich schaue, und vor meinen Augen entfaltet sich ein wundersames Bild: eine schneeweisse, reine, sanft gewölbte Kuppe, und am höchsten Punkt ein helles Wölkchen, wie oben am Vulkan, und um den Berg herum ein geheimnisvolles Land. Ein Spiel von Licht und Schatten. «Wolkenland», wird mir unvermittelt klar, soll es jetzt heissen, und ein Roman soll es nun sein. Nur kurz dies alles, das Bild und das Erkennen. Ein zweiter Blick und ein dritter, und schon ist der Berg wieder weg, und nichts lässt sich mehr zeigen, wenn Rosa hinzukommt und ich ihr davon erzähle. Jetzt sei ich frei, sage ich, auch die Geschichten zu erzählen, für die mir der Mut noch fehlte. «Die erfundenen Geschichten?», fragt sie mich, und ich gebe ihr zur Antwort, mit einer Gelassenheit, über die ich selber staune: «Die Geschichten, die ich fand, auf den Wegen, auf denen ich ging. Ob du mir meine Geschichten als wahr abnimmst, ist mir nicht mehr wichtig. Und für die Leser gilt das auch.»

Und das Gleiche sage ich jetzt auch Dir: Nimm Dir auch die Freiheit, zu glauben, was Du willst, wenn Du meine Geschichten liest. Und das, lieber Vater, war es, was mich hinderte, Dir diesen Brief zu schicken. Zu gross vielleicht ist das, was ich Dir sagen möchte, für nur einen einzigen Brief?

Und noch etwas, Vater. Ich las einmal den folgenden Satz und habe ihn mir eingeprägt: «Das unbezahlbare Geschenk einer guten Geschichte liegt in ihrer Kraft, in unserem Inneren ein Feuer zu entfachen.» Wie es geht mit dem Feuer, wenn es wärmt und wenn es vernichtet, muss ich Dir nicht sagen. Mit Stolz schauten wir, Deine Kinder, zu, wenn die Feuerwehr unter Deiner Führung übte. Und ich erinnere mich noch gut, wie wir mit Mutter auf der Terrasse standen, unsere Blicke dem Berg zugewandt, über dem ein Feuerschein die Wolkendecke färbte. Furcht und Vertrauen fühlte ich zugleich. Ein Waldbrand musste etwas Grosses sein, sagte mir meine kindliche Fantasie, obwohl ich das Feuer nicht sah. Du führtest die Männer beim Löschen an, und sie liessen sich gern von Dir führen, wie ich als Heranwachsender, zunehmend bewusst, über die Jahre erkannte. Auf Dich, Vater, war Verlass. Dein Wort war ein Wort. Deine Entscheide waren klar. Dein Handwerk hattest Du auch da gelernt. Beim Löschen auch grosser Feuer warst Du ein Meister, und ich war schon damals der, der gern ein Feuer anzündete. Auch daran erinnere ich mich noch gut. War es, als ich zur Schule ging, oder war es sogar schon davor, als ich das Holz im Ofen anzünden durfte? Vom Spiel der Flammen bekam ich nie genug, und die Wärme des Feuers spürte ich gern im Gesicht.

Wie wir handeln nach aussen, habe auch mit dem zu tun, was in uns drin geschieht, sagen die Weisen seit jeher. War also mein Feuer der Gefühle mein kindliches Privileg? Es war ja nicht die Zeit, in der Männer Gefühle zeigten. Schon als Knaben lernten wir, was es heisst, auf die Zähne zu beissen. Auch ich wurde nach und nach in dieser Disziplin zum Meister. Eine Meisterschaft von zweifelhaftem Wert, wie ich heute weiss.

Auch davon, lieber Vater, wie ich meine Gefühle wiederentdeckte und sie schätzen lernte nach und nach, will ich Dir erzählen. Neue Geschichten und neue Feuer sollen daraus entstehen. Feuer, die weiter zünden.

Von Herzen

Dein Sohn Ben

Und ein paar Tage danach:

Lieber Vater
Noch einmal setze ich mich hin und schreibe Dir einen Brief. Viele Briefe hätten es werden sollen, und zwischen meine Geschichten wollte ich sie legen, wo sich unsere Wege kreuzten, in Gedanken und in der Wirklichkeit. Jetzt lasse ich es aber bleiben. Die Liste von dem, was ich ergänzen wollte, ist zu lang. Ich würde nie fertig werden.
Und ob Du das alles wissen willst? Vieles davon hat nur noch für mich einen Wert. Du brauchst es nicht, um mich zu verstehen, und ich brauche es nicht mehr, um mich Dir verständlich zu machen.
Vielleicht, Vater, ist es tatsächlich genug, wenn ich Dir zu meinen Geschichten den einen Brief noch gebe, den ich schrieb und Dir nicht schickte. Der Brief, in dem es um das geht, was wir zusammen in den Tagen vor Ostern erlebten. Vielleicht genügt es wirklich, dass wir uns in diesem einen Moment wirklich verstanden haben.
Herzlich
Dein Sohn Ben

Der Brief, den ich nicht schickte:

Lieber Vater
«Wer Neues erdenken will, muss hin und wieder spinnen.» Ein Bild mit bunt gefärbter Wolle und dem sinnigen Spruch dazu steht auf meinem Pult. Bild und Spruch sind hilfreich, wenn ich ein Mandat erhalte, bei dem es, wie die Auftraggeber meinen, kaum einen Ausweg mehr gibt. Immer wieder sind das Gelegenheiten, bei denen auch ich selber meine Lektionen lerne. Eines habe ich in den letzten Jahren ganz speziell gelernt: Ich vertraue immer mehr auch dem, was ich spontan, gelegentlich unbedacht tue. Ich vertraue auch dann, wenn danach die Zweifel kommen. Ein Beispiel dafür ist das, was wir in den Tagen vor Ostern miteinander erlebten. Was dabei aus meiner Sicht geschah, das will ich Dir noch sagen.
Zuerst aber geht es um eine Frau, die ich nicht kannte und die mich anrief, wenige Tage bevor ich Deinen Anruf erhielt. Die Frau wollte mich als Heiler in Anspruch nehmen. Sie suche Hilfe wegen ihrer Kopfschmerzen, und man hätte mich ihr empfohlen. Auf Freunde von uns berief sie sich. Einen Geheimtipp hätten mich diese genannt. Geheim, weil ich mich noch kaum über den Kreis der Familie und der Freunde hinaus als Heiler betätigt hatte. Ich spürte einen leisen Stolz, lehnte aber trotzdem ab. Ich war als der Heiler empfohlen worden, der zu werden ich einmal glaubte, der ich jedoch nicht bin. So liess ich die Frau also wissen, dass ich der Falsche wäre, wenn sie ihren Schmerz bei mir abladen wolle. Die Frau war erstaunt. Sie verstand mich nicht, wie mir schien. Ich verstand es ja selbst noch nicht.

Heute weiss ich aber, Vater, um was es dabei ging, und ich weiss, was ich anzubieten habe: Geschichten, und meine Dienste als Rechtsanwalt, und vom Heilen will ich beides nicht trennen. Und manchmal bin ich, wie bei Dir, ganz einfach ein bisschen behilflich in diesen Lebensdingen.
Dein Anruf am Mittwoch vor Ostern, früh am Morgen, nach einer durchwachten Nacht. Plötzlich war sie da, Deine Atemnot. Vor allem nachts plagte sie Dich schwer, wenn es still wurde rundherum. Es fiel Dir nicht leicht, Dein Leiden anzunehmen. Was ich verstehen kann, nach den fast 80 Jahren, die Du gesund durchs Leben gingst. Zu Ärzten gingst Du, und Heilpraktiker suchtest Du auf. Weder da noch dort wurdest Du richtig gesund. Immer wieder kamen Deine Atembeschwerden zurück. Immer wieder wurdest Du von der Atemnot geplagt. Und zuletzt warst Du bereit, mich um Hilfe zu bitten. Als Du am frühen Mittwochmorgen anriefst, muss Deine Verzweiflung gross gewesen sein.
Jetzt warst Du bereit, meine Hilfe anzunehmen. Nun war ich gefordert. Und eigentlich hätte ich mich doch freuen müssen über Deine Bereitschaft, anzunehmen, was ich Dir geben konnte. Viel stärker aber als die Freude war mein Unbehagen. Der Heiler, der das Leiden, kurzerhand wortwörtlich, einfach verschwinden lässt, wollte ich auch bei Dir nicht sein. Bei Dir schon gar nicht, Vater, Freigeist, der Du bist. Du musst nämlich wissen, dass ich in all den Jahren meines Suchens nie an einem Ort verweilte, wo ich mich in die Abhängigkeit zu einem Lehrer, zu einer Lehrerin, einem Meister oder Heiler hätte begeben müssen. Ein unbändiger Drang nach Freiheit trieb mein Suchen an. Die Freiheit, die ich dabei fand, war aber nie nur die meine, sie war auch die Freiheit der anderen.

Und nun, Vater, suchtest Du Heilung bei mir. Einen Rat zumindest sollte ich Dir geben. Und ich war ratlos und gab Dir die Frage zurück: «Was meinst du selbst, was für dich das Richtige ist?»

«Das Atmen muss ich jetzt wohl lernen», sagtest Du, mit bitterer Ironie.

Keiner hätte es gewagt, Dir diese Antwort zu geben, schon gar nicht ich. Nur Du selbst hattest den Mut dazu. Und an mir war es bloss noch, von meiner Erfahrung mit meinem Atmen zu erzählen, von meinem Lernen, und Dich zu ermutigen, dass Du den für Dich erkannten Weg weitergehen mögest. Für Neues nie zu alt.

Das, Vater, ist es, was ich mit Heilen im Alltag meine. Jetzt hast Du es selbst erfahren, und ich bin in der Lage, in Worte zu fassen, was zuvor nur ein Gefühl war. Aber versteh mich bitte richtig. Die Gefühle sind mir keineswegs weniger wert als die Gedanken. Wir brauchen immer beides, wenn wir verstehen wollen. Und so waren meine Gedanken also klar wie selten zuvor, aber im gleichen Moment war da auch ein Erinnern, das meinem Handeln widersprach. Ich erinnerte mich an Walti, den Du auch kennst, und an das, was sich ein paar Wochen zuvor bei ihm zugetragen hatte. Wir waren zu Waltis Geburtstag eingeladen. Wir waren früh dran, die ersten Gäste. Schmerzen im Kreuz würden ihn den ganzen Tag schon plagen, klagte Walti, und er bat mich, ihm zu helfen. Ich half ihm gern, und ich dachte in diesem Moment: So einfach ist es. So wenig braucht es. Immer hast du alles dabei.

Was aber, Vater, machte den Unterschied? Weshalb fiel es mir leicht, ihm mit meinen Händen zu helfen? Um Macht geht es. Um Macht und Freiheit, wie sie zusammengehören. Du warst verzweifelt und bereit, bei mir Deine Macht

abzugeben. Wer seine Macht abgibt, beim Heiler oder wo auch immer, schränkt seine Freiheit ein. Dein Entscheid natürlich, aber die Freiheit, auf die Du verzichtest, ist nie nur die deine.
An die Schamanen erinnert es mich, die es in vielen Gegenden dieser Welt noch immer gibt und die auch bei uns vor langer Zeit eine wichtige Rolle spielten. Priester, Heiler, Richter und noch mehr waren und sind sie in einem. Eine Fülle von Macht verkörpern sie, und zugleich sind sie gefangen im Netz der allumfassenden Gemeinschaft. Das, Vater, ist es, was ich nicht mehr will. Ein Schamane wie Du und ich bin ich aber gern.
Und noch etwas zu Dir und mir: Uns beiden tat es weh, was in diesem Moment geschah, als Du endlich bereit warst, Dich meinen Händen anzuvertrauen, und ich mein Versprechen nicht hielt. Leere Worte, dachtest Du und warst enttäuscht. Und bei mir machten sich für kurze Zeit wieder einmal die Zweifel breit. Aber danach kam das Erkennen, dass der Kopf und das Herz nicht immer das Gleiche wollen.
Von Herzen
Dein Sohn Ben

PS: In der Beilage erhältst Du mein «Wolkenland», falls Du es lesen magst, und am Schluss noch einmal einen Brief.

Prolog

«Habemus Papam!» – Zwei Tage hat es gedauert, und nun steigt weisser Rauch aus dem unscheinbaren Kamin, eigentlich nur ein Blechrohr, das keiner beachten würden, stünde es nicht auf dem Dach der Sixtina von St.Peter ... Und der Zeremonienmeister tritt auf den Balkon hinaus und verkündet die magischen Worte ... Erst ein paar Tage ist es her, seit Menschen aus aller Welt zu Tausenden angeflogen kamen. Auch viele Junge waren dabei. Ein Trauerzug ohne Ende. Aber auch Erinnerung und Freude über das, was sie erlebten mit dem verstorbenen Papst ... Und eines der Bilder, die durch die Presse gehen, berührt mich ganz besonders. Eine Frau mit schmerzverzerrtem Gesicht, und man gibt ihre Worte wieder.

«Vom Papst lernte ich, an mich zu glauben und für meine Träume zu kämpfen.» Nicht seine Träume übernahm sie, die ihren hat sie gelebt. Daneben ein zweites Bild: die gleiche Frau, als sie ein Mädchen war. Zwölfjährig sei sie gewesen, als der Papst im Jahr 1980 Brasilien und ihre Heimatstadt Salvador de Bahia besuchte. Vier Stunden harrte das Mädchen auf den Stufen vor der Kirche aus ... Vom Moment an, als Lucimeire vom hohen Besuch erfuhr, hatte sie einen Wunsch und dieser war so stark, dass er alle Hindernisse überwand. Als der Papst vor den Toren der Kirche erschien, schlüpfte das Mädchen unter der Absperrung durch. Auch von den Ordnungshütern liess es sich nicht abhalten. Es erreichte den Mann seiner Sehnsucht, und dieser schloss es liebevoll in die Arme. Ein Vater und sein Kind. Ein Akt, wie er in jeder Sekunde auf dem Erdenrund unzählige Male geschieht. Eltern, Mütter, Väter, die ihre Kinder, schützend und bergend, in die Arme nehmen. Und doch ging das Bild um die Welt und wird auch jetzt wieder von diesem magischen Moment erzählt.

Amma, was einfach Mutter heisst, ist eine indische Weise, die seit Jahren die Länder der Welt bereist. Wo immer sie hinkommt, füllen sich Säle und Hallen. Stunden sitzen sie da, zu Tausenden, und warten auf nichts anderes als eine persönliche Begegnung mit Amma. Jede Frau, jeden Mann und jedes Kind schliesst sie in die Arme, sagt ein paar Worte und geht zum Nächsten weiter. Nichts Besonderes, und doch sind ganz viele tief berührt. In Indien ist Amma eine Heilige. An die lebenden Heiligen ist man sich dort gewöhnt.

«Santo Subito!», tönt es laut, während Johannes Paul II. über den Petersplatz zu Grabe getragen wird. Sofort soll er heilig sein. Die Leute sind berührt, und sie geben dem mit lautem Rufen Ausdruck. Heilige, ob in Indien, Rom oder irgendwo auf der Welt, ziehen uns Menschen an wie Magnete. Eines haben sie alle gemeinsam. In ihren Herzen wächst die Kraft, die sie ihre Werke vollbringen lässt.

Freitag

An einem freien Freitagnachmittag wie einst, als ich bei Esther in die Lehre ging. Unterwegs im Zug. Umsteigen in Zürich und in Brugg, und dazwischen ein Gang zu den Büchern ... Dann wird die Zeit allmählich knapp. Nur ein paar Minuten bleiben. Sie genügen, um zu finden, was ich suchte von Anfang an, ohne dass ich es wusste ... Eines in schillernden Farben, «Freitag» ist sein Titel. Wie

Robinson auf seine Insel fand und dort zum wahren Leben ...

Weihnachten

... Auf dem Heimweg in Zürich auf dem Markt. Ein eisiger Wind bläst durch die Gassen, und tief vermummt in seinen Mantel sitzt ein Mann aus dem Senegal, hinter seiner Ware. Bis Weihnachten harre er aus, sagt er, dann fliege er nach Hause in den Sommer ...

Die grosse Flut

... Auch die Bilder brechen, einer Riesenwelle gleich, über die Welt herein und überschwemmen unsere Sinne ... Ausgleich, Flut der Hilfe. Es wird gespendet wie noch nie ...

Stilles Ahnen

... Die Lebenden berührt von denen, die die Welt verlassen haben ...

Tausend Sonnen

... Das Licht, das einmal angezündet, nie wieder erlöscht ...

Der Meister

... Ich war mir nicht bewusst, dass ich in erster Linie mit mir selber sprach ...

Frühling

Nach einem langen Winter ist es Frühling geworden. Ich bin eingeladen, ein Wochenende im Tessin zu verbringen. Abend ist es, wir schlendern durch die Gassen. Vor einem Buchladen bleiben wir stehen. Wieder einmal ziehen mich die Bücher magisch an. Die ausgelegten Bücher haben alle einen Bezug zum Ort. Um den Berg im Rücken des Dorfes geht es, um den Monte Verità. Um die Anarchisten, Künstler, Spirituellen - Reformer in allen Sparten - Emigranten, Dichter, Architekten, die allesamt an diesem Ort ihre Spuren hinterlassen haben. Den Nachmittag haben wir oben auf dem Berg verbracht, der Kraft nachspürend, die Ideen entstehen und Werke reifen liess, über Jahre und Jahrzehnte. Poesie lag in der Luft und auf den Steinen, über die wir gingen.

Da ein Zettel und dort noch einer. «Zum Unesco-Tag der Poesie» steht darauf geschrieben. Ich bin berührt und überrascht, aber lasse die Zettel liegen. Für mich sind sie nicht bestimmt. Die Worte, von denen ich mich angesprochen fühle, begegnen mir am Abend, bei der Buchhandlung ins Fenster gelegt. Ein Bücherfreund hat die folgenden Sätze aufgeschrieben und gibt sie mir zu bedenken:

«Rilke schrieb an einen jungen Dichter: Ich möchte Sie bitten, Geduld zu haben gegen alles Ungelöste in

Ihrem Herzen und zu versuchen, die Fragen selbst liebzuhaben wie verschlossene Stuben und wie die Bücher, die in einer sehr fremden Sprache geschrieben sind. Forschen Sie jetzt nicht nach den Antworten, die Ihnen nicht gegeben werden können, weil Sie sie nicht leben könnten. Und es handelt sich darum, alles zu leben. Leben Sie jetzt die Fragen. Vielleicht leben Sie dann allmählich, ohne es zu bemerken, eines fernen Tages in die Antwort hinein.»

Mann der Sterne

... Ich würde zuschauen können, wie die Gebäude wachsen ... Dann erwache ich aus dem Traum ...

Sternflüstern

... Fernsehen, die Qual der Wahl: «Sternflüstern» oder «Everest»? Menschliche Wärme in Schnee und Eis mitten in der Polarnacht. Oder der Flug in unerreichte Höhen, mit dem Hängegleiter über die höchste Erhebung der Welt ... Der Wunsch, mit den Vögeln zu fliegen, ist mir nicht fremd. Er ist es, der uns auf die Suche schickt. Auf die Suche nach dem, was wir finden, wenn wir, zurück auf der Erde, wieder gelandet sind.

Kongress der Heiler

... Tanzen danach. Ungewohnt auch das, wo wir an einem Kongress doch vornehmlich Redner erwarten, die Neues und Erhellendes sagen ...

Namenlos

... Ein Nobody als Referent vor grossem Publikum ...

Die Quelle

... Was ich selbst erfahren habe, verstanden und begriffen, was Hand und Fuss bekam, kann ich weitergeben ...

Am Ort der Kraft

... Keine Kirche, kein Steinkreis, kein Kornkreis, keine Kultstätte dieses Mal, sondern einfach eine Gastwirtschaft mit feinem Essen und einem Bild an der Wand, das mir viel bedeutet ...

Die guten Geister

... Wenn ihr wollt, dass ich hier meine Aufgabe erfülle, dann helft mir jetzt dabei ...

Von Gülle und Geist

... Und wieder erhielt ich Hilfe von Freunden und Bekannten ...

Im Jahr danach

... Menschen, die auf unterschiedlichsten Wegen für einen Moment zusammenfinden, um eine gemeinsame Erfahrung zu machen ...

Kopfzerbrechen

... Wir freuen uns über die Begegnung, wir geniessen das Gespräch, und die Entspannung stellt sich ein. Ich zerbreche mir nicht mehr den Kopf über Dinge, die nicht die meinen sind ...

Stein für Stein

... Die Angst, mich fallen zu lassen, ist die Angst vor der eigenen Kraft. Vor der ungeheuren Kraft, die in jedem Menschen steckt. Die eine gleiche Kraft, die heilt und die vernichtet ...

Heilende Hände

... Ich meldete mich kurz entschlossen an. Zwei Wochen später ging ich hin, mit einem Flattern im Bauch und zugleich mit der Gewissheit, dass richtig war, was ich machte ...

Weise Worte

... So erhielt ich ein paar Wochen danach Esthers entsprechenden Impuls: «Auf neue Lebensspuren zu treten, heisst nicht, das Alte abzuwerten. Nur keine Angst, die göttliche Führung ist weise und gerecht.» ...

Der Kreis und seine Mitte

Mit dem Heilen beginnen. Darüber schreibe ich und beginne wieder von vorn. Wenn es Dinge gibt, die sich in Worte nicht fassen lassen, warum unternehme ich dann trotzdem den Versuch? Sommer wird es heute, der längste Tag im Jahr, und Maren lädt ein zum Geburtstag. Ich schreibe ihr ein paar Zeilen.

Liebe Maren
Jetzt habe ich das Richtige gefunden für Dich. Oder vielmehr: Es fand mich, damit ich es Dir gebe. Die Kindheit – Kind sein – sei mehr als ein Lebensabschnitt, sagt der Autor dieses Buches, das Rosa und ich Dir schenken. Die Kindheit sei auch ein geistiger Zustand. Also «Werden wie

die Kinder und eingehen ins Himmelreich». Ich beginne zu verstehen, was man damit meint: Was wir immer mit uns tragen, tief innen, wo niemand es sieht, nicht einmal wir selbst.
«Schreiben von innen» nennt es der Autor, was er an grosse und kleine Kinder weitergeben will. Als einen Weg beschreibt er es, mich selbst aus der Tiefe zu holen. Beim Lesen habe ich erkannt, dass ich genau das seit ein paar Jahren mache, jetzt in einer Form, die ich hinaustragen will. Bis zu Dir sind meine Geschichten schon gelangt.
Und Deine Reise? Wo geht Deine Reise hin? Als Kind und auch noch als Jugendlicher habe ich nie gewusst, was ich werden wollte. So wählte ich immer den Weg, der mir möglichst viele Möglichkeiten offenhielt. Schon als Kind war mir aber klar, dass ich nie ein Lehrer werde. Ich wusste es einfach, ohne die Gründe dafür zu kennen. Jetzt kenne ich den Grund: Meine Freiheit und Deine Freiheit, darum geht es. Als Lehrerin hast Du die Aufgabe übernommen, die Kinder einzuführen in die Formen dieser Welt. Es sind Formen, die Grenzen setzen. Begabungen förderst Du bei Deinen Schülerinnen und Schülern. Es gibt Gaben, die es schwer haben, in ihre Form zu finden. Danke, dass Du eine Lehrerin bist, die um den Wert auch dieser Gaben weiss. Danke für alles, was wir zusammen schon erlebten, und danke für das, was noch kommt. Hier und jetzt und immerfort wünsche ich Dir alles Gute, auch im Namen von Rosa.
Von Herzen
Ben

Ich genoss das Fest und träumte in der Nacht darauf. Es war ein fröhlicher Traum. An die Details erinnere ich mich nicht. Das Empfinden war es, das mir in Erinnerung blieb: Noch einmal, wie damals, mit Thomas unterwegs. Ein kleiner Junge, noch in die Windeln gepackt. Er strahlt, macht Faxen. Wir beide haben unseren Spass. Ich erwache und weiss, dass die Träume zusammengehören: der Traum von dieser Nacht und der andere Traum von einst.

Ums Labyrinth geht es, wird mir unvermittelt klar. Der Gang ins Labyrinth ist es, von dem ich hier erzähle. Ich suche ein Abbild vom berühmten Kreis auf dem Boden in der Kathedrale von Chartres. Ob ich jetzt seinen Sinn verstehe? – Den Anfang macht eine Gerade, bis es zu drehen beginnt. Drehen um die Mitte. Ich trete ein, nur ein paar Schritte, sehe schon die Mitte und werde gleich gestoppt.

«So leicht mach ich's dir nicht», raunt mir der Geist ins Ohr, der über die Kreise wacht ... Und wieder dreht es links zurück, eine halbe Runde. Dann rechts, dann links, dann rechts, zweimal einen Viertel und eine Halbe. Und links einen Viertel und rechts eine Halbe. Und die Mitte? Längst aus dem Blick. Hinüber jetzt zur anderen Seite. Rhythmus und Pendel für mich, der ich schreibe, nicht für den, der den Weg sein erstes Mal begeht. Und wieder ist die Mitte da, und wieder bin ich meinem Ziele nah, zuinnerst auf dem Kreise ...

Verzweiflung macht sich breit und plötzlich wieder Hoffen ... Noch einmal links, und der Blick ist frei, zuäusserst auf dem Kreise. Hier muss der Ausgang sein ... und wirst erneut getäuscht .... rechts, links, rechts ... und wieder hinein und wieder der Mitte entgegen. Dann links, dann rechts, dann links, dann rechts ... und wieder bin ich ... wo ich den Ausgang nicht finde ... Und plötzlich, endlich, eine Gerade. Gestoppt auch sie auf halbem Weg. Jetzt rechts, und wieder fängt es mit dem Drehen an. Und noch einmal links und noch einmal rechts, und eine letzte kurze Gerade, wo am Ende der Gang zum Raum sich weitet und in der Form einer Rose erblüht. Ich habe mein Ziel erreicht und weiss doch nur, dass ich den Weg hinaus auch wieder finde ...

Die Kraft der Elemente

... Rundherum Berge, tief verschneit. Unverrückbar, ohne jede Bewegung. Und zugleich ist es ein Ort, an dem die Elemente mit gewaltiger Kraft umstürzen, was aufgelöst und neu werden will ...

Die Lehre beginnt

... Woche für Woche fahre ich hin, um nichts anderes zu tun, als zu üben ...

Herzberg

... Ein guter Ort für meine Fragen. Ein Ort, der nicht umsonst den Namen Herzberg trägt.

Das TV-Orakel

... Der Mann, der durch die Sendung führt, hat seine Form gefunden. Sein Feuer nährt, es wärmt ihn im richtigen Mass ...

Klärung Schritt um Schritt

... Seltsam und neu das eine, das andere schon bald vertraut ...

Himmel und Erde

... Der spirituelle Weg. Ein grosses Wort einstweilen, von dem ich erst diffuse Vorstellungen habe ...

Die Lösung

... Eine Lösung ist es, wenn das, was erstarrt war, wieder in Bewegung kommt. Und wenn es von neuem erstarrt, dann braucht es erneut eine Lösung ...

Das Spektakel

... Für mich eine fantastische Erfahrung, die mir half, das Suchen durchzuhalten ...

Familie

... Die Hilfe des Heilers nahm man in Anspruch in der Not, darüber geredet hat man aber nur hinter vorgehaltener Hand. Als ob der Heiler etwas tat, das er nicht hätte tun dürfen ...

Der gute Kampf

... Vom Kampf um unsere Träume ...

Steinhauer

... Ein Steinhauer war mein Urgrossvater. Ein Steinhauer bin auch ich ...

Ein Brief noch zum Schluss:

Lieber Vater
Jetzt kennst Du meine Geschichten, mit denen ich die Leser berühren will. Aber für Dich sind ein paar Dinge noch zu ergänzen. Von Urgrossvater Maximilian erzähle ich zuletzt. Dein Grossvater, der Vater Deiner Mutter, von dem ich ein einziges Bild besitze. Kein Schnappschuss, wie man sie heute macht. Sechs Männer und zwei Mädchen sind darauf festgehalten. Zu essen und zu trinken haben die Mädchen gebracht, und die Männer stehen in Pose. Urgrossvater, die Mitte des Bildes beherrschend, ein grosser, stämmiger Mann mit Schnauzbart und forschem Blick. Die Männer stehen da, wie wir es von Jagdszenen kennen, mit dem Fuss auf dem erlegten Bär, stolz ihr Werk bezeugend. Hier sind es die schweren Brocken, auf denen die groben Schuhe ruhen. In der einen Hand halten die Männer eine Flasche mit Bier oder Most, und die andere Hand ist in die Seite gestemmt. Das Arbeitsgewand haben sie an, grobe, verdreckte Hosen, und die Hemden sind hochgekrempelt über den kräftigen Arm. Nur einer trägt Anzug, Krawatte und Hut. Der Besitzer des Steinbruchs wahrscheinlich. Aber auf dem Bild ist nicht er der Chef. Urgrossvater ist es, da gibt es keinen Zweifel. Der Steinbruch ist sein Revier. Da ist er der Meister.
Du siehst, Vater, so geht es mir immer: Ein Bild, ein Eindruck und schon ist eine Geschichte da ... Und bei Dir? Geht es Dir nicht ähnlich, wenn Du ein Stück Holz in die Hände nimmst? Dann weisst Du, was Du formen möchtest. Dann spannst Du es ein und drehst und drehst und drehst, Dein Werkzeug am drehenden Klotz ... Und noch viel weiter gingen meine Gedanken: Warum waren alle diese Männer mit

dem Stein beschäftigt, im Dorf, wo Urgrossvater herkam? Was sie dort noch heute mit Hammer und Meissel im Gemeindewappen zeigen. Wo hatten ihre Vorfahren gelebt? Was hatten ihre Ahnen gemacht? Kathedralen und Paläste kamen mir in den Sinn. Fundamente, Mauern, Säulen, die mächtige Dächer trugen. Steinhauer und Maurer. Die Geheimnisse von Mass und Zahl ...

Aber vielleicht, Vater, ist ja alles anders, viel einfacher, als gedacht, und was Urgrossvater aus dem Dorf seiner Kindheit vertrieb, war tatsächlich nichts anderes als die materielle Not. Eine Prise Abenteuerlust war aber auch dann noch dabei. Ihr Glück wollten sie finden, die jungen Männer, draussen in der Ferne, weil es zu Hause nichts mehr davon gab. Als einer, der Arbeit suchte, zog Urgrossvater aus, um viel mehr zu finden: seine Liebe, seine Frau.

Und jetzt, Vater, jetzt kenne ich den wahren Grund, weshalb mir mein Urgrossvater schon immer nahestand. Auch mich trieb einst eine Not, wenn auch keine materielle, als ich den Weg des Suchens unter die Füsse nahm. Und so meine ich das, wenn ich Dir jetzt sage: Ein Steinhauer bin auch ich. Einen groben Stein nahm ich zur Hand, trug Schicht um Schicht ab, bis sich allmählich eine Gestalt zu zeigen begann. Ein Heiliger schien es zu werden, dann erst entstand ein Mensch. Mein Ebenbild ist es geworden, das jetzt zum Leben erwacht.

Von Herzen
Dein Sohn Ben

Teil 3:

Nuala

(im Jahr 2027)

«Schriftsteller und Leser singen immer zusammen, der Melodie sind sich beide sicher, doch der Schriftsteller kennt den Text besser.»
(Nuala O'Faolain, «Sein wie das Leben»)

Nachts um halb vier ist es, seit zwei Uhr bin ich wach. Nicht schläfrig, richtig wach. Gelesen: Nicholas Sparks, «Wie ein einziger Tag». Etwa zwanzig Seiten. Immer wieder abschweifend zu meinem Buch. Heute hätte ich eigentlich noch einmal an Frischknecht schreiben wollen. An den spirituellen Verleger, der mir seine Abfuhr erteilte. Widersprechen wollte ich ihm. Aber während ich bei Sparks lese, taucht die Frage auf: Ob Frischknecht doch recht hatte?

Hin und her gehen die Gedanken. Die immer gleichen Gedanken: Warum sollte ich es mir schwerer machen als nötig? Das Einfachste sind doch die Geschichten, wie ich sie erlebe? Und doch: Soll die Geschichte Geschichte bleiben, muss ich mich dann in die Form schicken, die dafür gegeben ist? Und diese Form ist dann wirklich nur der Roman? «Eine Art Roman» geht nicht? Und allmählich folgen eine Antwort und eine konkrete Vorstellung, wie der Roman beginnt. Den Anfang macht die Begegnung im Zug auf der Fahrt nach Salzburg: «Ja, da kommen wir alle her ...» Ich frage mich, was aus mir geworden wäre, wenn ... Ich erzähle aus der Sicht des alten Mannes, zwanzig Jahre danach. Der Mann hält Rückschau und erkennt, dass er noch nicht bereit war, hinzunehmen, dass seine Geschichten ganz einfach Geschichten waren. Er erinnert sich an seinen Vater, wie er im Alter, in dem er selbst jetzt steht, noch an der Drehbank stand: drehen, drehen, drehen ... Darin wollte er in jener Zeit noch den drehenden Derwisch sehen, wo es in Wahrheit aber nur die Freude war. Die Freude an der Arbeit und die Freude an den schönen Dingen, die sein Vater schuf.

Ich habe weitergelesen bei Sparks: «... Aber das Schönste waren ihre Augen. Sie sind wie Meereswellen ...» Mein Manuskript handelt von den Meereswellen, den grossen. Im Buch müsste es um die kleinen Wellen gehen. Die kleinen Wellen sind es, die unermüdlich den härtesten Stein zum feinsten Sand zermahlen. Wie es geschieht, sieht keiner.

Ein angenehmes Fest

So war die Idee für das zweite Buch entstanden, noch bevor es ein erstes gab. Jetzt wusste er es wieder. Der Verleger Frischknecht war es, der ihm den Anstoss dafür gab. Der Brief, der ihm ein Ärgenis war, hatte also auch sein Gutes. Zu dieser Erkenntnis kam Heilmann zwei Tage nach dem Fest, als er noch einmal im alten Tagebuch las.

Es war ein angenehmes Fest, alle waren sie da: die Kinder, die Grosskinder, die Geschwister, die Schwägerinnen und Schwager und ein paar Freunde dazu, ganz nach seinem Geschmack. Eine Schifffahrt zuerst, danach ein feines Essen. Wieder drüben in Quinten, an seinem liebsten Ort. Auch das Wetter spielte mit. Der silbrig glänzende See, die frischen, grünen Wiesen und die schneeweissen Gipfel rundum. Fast noch schöner war es als am Dienstag in der Woche davor, als er das Verlesen der alten Sachen dem Frühling zulieb unterbrach.

Eigentlich hatte er ja im Sinn gehabt, die Schachtel mit den Manuskripten, den Briefen und den Tagebüchern am Ende der letzten Woche zu schliessen und sie in den Keller zu verräumen. Aber warum sollte er das tun? Jetzt hatte er ja wirklich Zeit, ohne berufliche Verpflichtung. Und seine Frau, wie sie es immer machte nach einer Reise, zog sich während Stunden zurück und war nicht mehr anzusprechen. Die Reisefotos waren ihre Leidenschaft. Bis sie die Bilder bearbeitet hatte und die schönsten gedruckt waren, hatte niemand etwas von ihr zu wollen. Es sprach also nichts dagegen, dass er sich noch einmal ein paar Tage in die Tagebücher vertiefte.

Grosse Gefühle

Gestern Abend im Buchladen. Den neuen Sparks gesucht. Der Meister der grossen Gefühle, in dessen Geschichten ich tief eintauche, bis hinunter zum Meeresgrund, wo die Wellen da oben nur noch Gedanken sind. Den Sparks hatten sie nicht am Lager, dafür aber fand ich «Sein wie das Leben» von Nuala O'Faolain, ein ebenbürtiger Ersatz. Diese Autorin erzählt von sich, und es liest sich wie ein Roman. Dann schreibt sie einen Roman, und es tönt wie aus dem Leben. Wunderbar einfach, wie sie das Herz ihrer Leser berührt.

Wunder geschehen

«Sein wie das Leben», von dem ich seit Freitag schon fast die Hälfte las. Jetzt gerade ein paar Sätze, die mir besonders nahegehen: «... In dem Zimmer erlebte ich den überraschendsten Effekt des Schreibens überhaupt. An dem Tag, als ich die Arbeit an dem Roman aufnahm, schlief ich, ohne Tabletten, die ganze Nacht durch ...»

Die Nacht darauf sei es noch einmal so gewesen. Und dann wieder und wieder und wieder ... Sie habe das Wunder nicht fassen können, das sie auch im Rückblick noch erstaune, weil sie bis dahin seit der Jugend unter Schlaflosigkeit gelitten habe. Möglicherweise sei das ein Zufall gewesen. Vielleicht habe sich ja gerade an dem Tag ein Hormonpegel in ihrem alternden Körper neu reguliert, was ihr den lange vermissten Schlaf bescherte. Aber ihr gefalle die Vorstellung besser, dass es damit zu tun gehabt habe, dass sie, endlich von den Fakten erlöst ... Aber was es wirklich gewesen sei, entziehe sich ihr wie im Traum, über den man nachdenke, ohne ihn entschlüsseln zu können.

Und dann sagt sie, ein Alinea weiter, über New York und Manhattan, wo sie sich für ein paar Monate hinbegab, um an ihrem ersten Roman zu schreiben: «... Manhattan verbirgt nichts, die gesamte Stadtgeschichte liegt offen da ...»

Was Nuala O'Faolain in New York erlebte und was sie hier erzählt, wage ich zu erklären: Heilung war es, ihr Ankommen bei sich selbst. Ihr Finden in die ihr bestimmte Form.

Erinnerung

Und Heilmann liest weiter, und dabei befällt ihn das seltsame Gefühl, dass ihn das alles jetzt kaum mehr interessiert. Nicht anders ist es als das, was er letzte Woche las, und doch: Es vermag ihn nicht mehr zu packen ... Ein paar Seiten noch, denkt er, um zu sehen, um was es noch geht. Mag sein – so stellt er sich die Frage –, dass er nur deshalb das Tagebuch noch einmal in die Hände nahm, um an das schöne Buch dieser Irin erinnert zu werden?

Anwalt des Glücks

Jetzt geht es dem Abend zu, ich habe weitergelesen. Ich muss es noch einmal sagen: Ein kraftvolles Buch. Ein heilendes Buch und eine Erzählerin, der das Herz aufging und die mit ihrem Erzählen die Herzen der Leser berührt.

Und noch einen wunderbaren Satz habe ich gelesen: «... Doch wenn Heilung dort ansetzt, wo einst der Schaden angerichtet wurde, dann ist kostbar das richtige Wort.»

Und ich sage dazu: Wenn Nuala die Fürsprecherin der Leidenden und Verletzten ist, wie sie selber sagt, dann bin ich der Anwalt der Glücklichen. Wer nicht leidet, hat seinen Schmerz noch nicht erkannt, oder er hat in die Form gefunden, die ihm sein Glück verheisst.

Magischer Gesang

Ich höre mir die CD «Whale Song» an, die mir vor ein paar Tagen in die Hände kam: Flötenklänge und die Wale mit ihrem Gesang ... Letzte Nacht spät, vor dem Einschlafen, nahm ich das Büchlein «Whale Rider», die berührende Maori-Geschichte, wieder einmal in die Hand. Auch Erinnerungen an den Film waren wieder da. Mein Erleben mit dem Film ... Erinnerungen an das Mädchen, das um die Gunst seines Grossvaters, des alten Häuptlings, wirbt. Mit der Gabe, seine Gemeinschaft zu führen, ist es in die Welt gekommen. Der Grossvater will es in seiner Nachfolge nicht anerkennen, weil es ein Mädchen ist und kein Junge … Grosse Gefühle auch hier …

Sind es die Gefühle ganz einfach, was die Wale mit ihrem magischen Gesang in uns wecken? … Das menschliche Mitfühlen erwacht, wenn irgendwo auf der Welt wieder einmal Wale stranden und diese mit grösster Kraft nicht mehr frei zu bekommen sind. Vor einer Woche ist einer dieser Meeressäuger in der Themse mitten in London erschienen. Sogleich begann ein fieberhaftes Bemühen, das Tier zu retten. Obwohl man keinen Aufwand scheute, Transport mit Kran und Schiff, scheiterte das Unterfangen.

Über die Ursachen und Gründe, weshalb der Wal den Fluss hinauf und hinein nach London schwamm, wurde und wird gerätselt … Und wenn es so wäre, dass die Wale mit ihrem Erscheinen uns Menschen berühren wollen? Und wenn es so wäre, dass der Wal von London seine Aufgabe meisterhaft erfüllt hat? Wie einst ein anderer Wal in New York, der den neuseeländischen Diplomaten Witi Ihimaera inspirierte, den «Whale Rider» zu schreiben? … Wer weiss, ob nicht auch in London ein kreativer Geist darangeht, über den Wal von Westminster eine Geschichte zu erzählen?

Häuptling und Schamane

«Whale Rider», der Häuptling und Schamane, Natur und Religion … Das dunkle, tiefe Meer und die geheimnisvollen Wesen, die in den Mythen zu Hause sind. Das Meer und die grosse Welle, die aufwühlt und zerstört. Die grossen Gefühle auch ... Und die kleinen Gefühle? Die kleinen Wellen tagein tagaus? Immer sind sie da, auch wenn wir sie, wie der Gesang der Wale im Meer, nur selten wirklich hören ... Ist das der wahre Grund, weshalb Religionen entstehen? Weil wir im Alltag den Platz für die Gefühle nicht finden? ... Meine Geschichte ist die eines Anwalts mit nüchternen Geschäften jeden Tag, der den Weg des Heilens geht und der dabei erkennt, wie wertvoll die Gefühle auch im Alltag sind.

Die Wiederkunft Christi

Himmel noch mal! So rief es still in mir, als ich heute Morgen in «Odins Insel» von Janne Teller las. Dieser Roman hat lange gewartet, bis ich ihn zu lesen begann. Ein paar Versuche machte ich schon früher, aber die Zeit dafür war noch nicht gekommen. Jetzt passt es wunderbar. Die Parallelen zwischen dem aktuellen Weltgeschehen und dem, was diese Geschichte fiktiv fantastisch erzählt, sind nicht zu übersehen: «Die Wiederkunft Christi», und alle sind sie da, die Christen, die Juden, die Moslems, und das in einem Land, das Südnorden heisst, und in einer Stadt mit Namen Fredenshvile ... Aus Dänemark stammt die Autorin, und in Dänemark, auch wenn es anders heisst, scheint die Geschichte zu handeln ... Dänemark und der Karikaturenstreit ... Mein Brief an Otto am Sonntag. Seine Kolumne in der Zeitung ... «Freiheit und Geborgenheit», die grossen Themen ... Meine Themen auch. Eines fügt sich zum anderen.

Grosses Kino

Die Schriftsteller sind die Seismografen der Menschheit. Heute Morgen war dieser Gedanke unvermittelt da. Sie können es sein, weil man ihnen jede Verrücktheit zugesteht, wenn sie nur gut erzählt und elegant geschrieben ist. Inzwischen sind zu den Christen, Juden und Moslems noch die «Jungfrauen Marias» und die «Lämmer des Herrn» gekommen ... Und gestern in der Zeitung ein Artikel über ein neues Buch zum Thema «Kino und Gefühle». Kafka wird zitiert. Eines der berühmtesten Tagebuchzitate, heisst es: «Im Kino gewesen. Geweint.» So ähnlich kann ich sagen: Bei den Heilern gewesen. Geweint ... Auf der gleichen Seite in der Zeitung ein Interview mit Ang Lee, dem Regisseur von «Brokeback Mountain». Grosses Kino. Grosse Gefühle. Es geht immer um das Gleiche. Alle Menschen teilen diese Sehnsucht, im Herzen anzukommen.

Verheissenes Land

«Odins Insel», mit dem Fischer Ambrosius jetzt ... Was ich dabei erkenne: Die Geschichte von der geheimnisvollen Insel ist auch die Geschichte vom verheissenen Land, in das wir seit Menschengedenken zurückkehren wollen.

«Odins Insel», weiter im Buch: Die «Wahren Christen» treten auf. Mit dem Schnellboot kommen sie von Nordnorden, und sie haben das erklärte Ziel, mit den «falschen Propheten» und ihrem «falschen Messias» aufzuräumen. Kampf ist angesagt. Die Regierung hält Rat, nachdem Suchflugzeuge der Armee über der Meerenge am Ort der geheimnisvollen Insel verschwunden sind ... Warum keine Flugzeuge? Warum keine Einsicht von oben? Das habe ich mich längst gefragt. Die Antwort lautet nun: Schon früher seien Flugzeuge an diesem Ort verschwunden. Ein Bermudadreieck des Nordens. Eine stille Übereinkunft seit je, das gefährliche Gebiet zu umfliegen ... Und weiter im Buch: Noch eine Person, die weiss, was fundamental richtig ist und was falsch. Alvilda heisst sie, und sie fliegt freiwillig den nächsten Aufklärungsflug der Armee. Aberglauben sei alles, was man erzählt, meint sie, und dann ist sie es doch, die die Insel entdeckt und dann ebenfalls verschwindet. Ein unglaublich starker Moment, wie die mutige junge Frau im Zentrum der Insel in die Erde taucht ... «Doch genau in diesem Moment erreichte Mission 2474 das Zentrum der Insel. Eine kolossale Kraft traf das Flugzeug, und das Einzige, das Alvilda noch bemerkte, war die halsbrecherische Geschwindigkeit, die die Welt auseinanderriss und sie für alle Ewigkeit in ein Gefühl der Freiheit schleuderte.»

Dann zwei Seiten weiter das Nachdenken der alten Rikke-Marie, nachdem sie die abstürzenden, eintauchenden Flugzeuge als Sternschnuppen wahrgenommen hat. Zeichen für sie, dass ihre Inselzeit dem Ende entgegengeht. Zuvor aber noch die Kinder, die sich darüber streiten, ob da am Himmel etwas war.

Heute Morgen habe ich in Rosas Astrologieheft einen Artikel über die fünf Elemente in der Alchemie gelesen. Das vierte Element, das Salz, hiess es, entspreche dem klassischen Element Erde ... Das Salz der Erde also. Was auch im Buch über die Kelten stand, das ich in Salzburg entdeckte. «Heilig», «heil» und «salus» hiess es da mit Bezug auf den Namen der Stadt. Hier heisst es einfach «Erde». Und das fünfte Element, die Quintessenz, sei der verborgene Sinn von dem, was auf der Erde geschieht ... Die Fünf, die wir nicht sehen, nicht greifen, nicht riechen, nicht schmecken, und der wir unzählige Namen geben.

Den Verstand verloren

Bei «Odin» weitergelesen. Nun taucht eine neue geheimnisvolle Gestalt auf. «Durchsichtige Frau» wird sie genannt. Die Wissende scheint es zu sein ... «Fahr hinaus, bevor der Wahnsinn sich ausbreitet», mahnt sie den Fischer Ambrosius. Und Odin spricht weise Sätze: «Wenn die Welt Amok läuft, hilft es nicht zu fliehen.» Und: «In den Worten des Volkes finden die Klugen Weisheit.» Dann sagt die Frau: «Nähere dich der Insel und die Hölle bricht los; erwähne die Insel und die Hölle bricht los ... Kein Spruch ist richtig, beide sind falsch ... Die Worte haben keinen Rhythmus, keine Harmonie. Wie immer sie lauteten, sie waren falsch ... Ein Spruch oder zwei, das weiss ich nicht. Aber der Klang war ganz anders. Im Lauf der vielen Jahre ist daraus das geworden, was wir kennen.» Und Ambrosius fragt: «Was glaubst du, war es einer oder waren es zwei?» Die Frau gibt ihm zur Antwort: «Zwei. Es sind zwei. Keiner davon ist richtig, aber es gibt sie beide ... Vielleicht hat es noch mehr gegeben.» Dann ist die Regierung im Gespräch, und die «Wiederauferstandenen Christen» fordern für sich eine Kirche, sie wollen, dass der Staat sie anerkennt. In der Hauptstadt verlangen sie ein Gotteshaus. Auch ein paar opportunistische Priester der etablierten Kirche hätten Morgenluft gewittert und würden vom Herannahen des Jüngsten Tages reden, sagt die Kirchenministerin. Und der Staatsminister meint: «Man sollte glauben, dass alle den Verstand verloren haben.» Er macht sich Sorgen, was in den verbleibenden sechs Monaten im zu Ende gehenden Jahrtausend noch alles geschehen wird.

Bruder des Propheten

Zwei Sätze kommen zum Rätsel hinzu: «Eine Insel ist eine Insel, bis sie nicht länger eine Insel ist.» Und ein noch unvollständiger Satz: «Wenn Könige ... schweigen die Untertanen still.»

Wenn ich nicht wissen möchte, wie die Geschichte ausgeht, würde ich aufhören jetzt. Im Moment habe ich den Eindruck, die schöne Geschichte werde plattgewalzt ... Der unerschrockene Lennart Torstensson, der zum legendären Lennart Torstensson werden will. Grosse Träume, grosse Taten. Seine Berufung, seine Mission. Die Mechanik des Geschehens, wenn es um Dinge geht, die nicht erklärt werden können, und die Unmöglichkeit, die Dynamik des Geschehens zu stoppen. Und ein neuer geheimnisvoller Satz, den die Magierin entdeckt: «Nur ein Inselschmied schlägt Eisen los.» Und ich beginne zu begreifen, um was es geht für mich: *Meine* Geschichte ist die Geschichte von einem, der das Leben statt der Lebensaufgabe wählt. Und zugleich fange ich an zu verstehen, was es heisst, dass nur ein Inselschmied das Eisen losschlagen kann: Wer andere befreien will, muss auch selbst ein Gefangener sein, denn keiner kommt von draussen rein ... Eine Botschaft brennt. Im Buch ist es die nordnordische in Südnordens Hauptstadt. Vor einer Woche war es die dänische Botschaft in Beirut. Oder war das in Damaskus? Oder war es eine andere Hauptstadt im Nahen Osten? ... «Die Rächer» haben die Botschaft angezündet, im Buch, und den Verdacht auf die Juden gelenkt. Angeführt wurden sie dabei von Esra, dem Juden, der aus der Familie verstossen worden war. Auf seinen Bruder, den «Propheten der Juden», lenkt er den Verdacht, und der Verdacht geht weiter und weiter.

Mut und Übermut

Jetzt gefällt es mir wieder. Sigbrit Holland fragt: «Ambrosius, was glaubst du, warum die Menschen Religionen haben?» Und Ambrosius sagt: «Es ist wohl der Wunsch, ohne zu zweifeln an den Sinn des eigenen Lebens zu glauben.» Dann ist die Rede davon, dass es ohne Religion keine Moral gebe, wie ein Autor geschrieben habe. Die Weltuntergangspropheten hätten Angst vor einem Leben ohne moralische Werte ... Ob er recht hat oder nicht, wird dann die Frage gestellt, und die Antwort lautet, die Sigbrit selbst sich gibt: «... er muss Unrecht haben, denn um ohne die Religion Recht und Unrecht zu definieren, braucht man eine sehr viel hochkarätigere Ethik.» Dann fordert der Fischer auf, die Frage umzudrehen, und Sigbrit tut es sogleich: «Wie können ethische Werte existieren, wenn man nicht zweifelt?» Und hierauf Odins weise Worte: «Der Zweifel ist die Tugend des Mutes, der Glaube die des Übermutes.»

Zeit zu schlafen jetzt. Zuvor noch ein letzter Satz: Der Zweifel sei die Tugend des Mutigen. Dieser eine Satz, in Stein gehauen, lohnt es allein, dieses Buch gelesen zu haben. Und ich weiss, weshalb der Satz auch stimmt: Wer sich seiner Sache unumstösslich sicher ist, braucht nicht mutig zu sein.

Weisheit über Weisheit

Und weiter in «Odins Insel»: «Nähere dich der Insel mit Schuhen, die schwimmen können. Nur ein Inselschmied weiss ... Die Lösung versteckt sich im Erstgenannten, und das Erstgenannte versteckt sich im Letztgenannten ... Es gibt einen Weg und wir werden finden.»

So Sigbrit Hollands Gedanken. Zuvor noch einmal Odin: «Weisheit ist eine gefährliche Lanze.» Und während er dies sagt, wird ihm bewusst, dass er seinen Speer verloren hat, wie er auch alles andere verlor, was vor dem Meteorsturm war, der ihn und seinen Pferdeschlitten aus den himmlischen Bahnen warf.

Weisheit über Weisheit. Odin, der Gott, trägt sie durch die Geschichte, und die schreibende Janne Teller hat sich das Ganze erdacht.

Mutter hat angerufen. Sie sei gestürzt, die Treppe hinuntergefallen. Sie hatte Glück. Den Boden unter den

Füssen verloren. Im Moment des Fallens habe sie nur einen Gedanken gehabt: «Jetzt musst du dich fallen lassen, einfach nur fallen lassen.» Es ging glimpflich ab, nichts als blaue Flecken ... Als ob mir Mutter einen Rat geben möchte: Lass dich einfach fallen, wenn du den Boden unter den Füssen verlierst.

Vom Fliegen und vom Landen

Gestern Abend im Kino: «Vitus» von Fredi M. Murer. Vom Fliegen und vom Landen. Vom Grossvater und seinem Enkel. Von Vater und Mutter. Von junger Liebe. Von Geld und Geist, Big Business.

Im Traum letzte Nacht sah ich die folgenden Worte: «Das Neue ist da, und noch immer fällt es schwer, das Alte loszulassen.» ... Und «Odins Insel», noch mehr weise Sätze vom Mensch gewordenen Gott: «Ohne die Flügel der Gedanken und der Erinnerung fliegt man nirgendwohin ... Wer von warmen Winden getragen wird, kommt weiter als der, der von kalten Winden getragen wird ... Ohne Kraft kommt man nirgendwohin ... Mit zu viel Kraft schiesst man überall vorbei.» Dann wieder einmal der Fischer: «Ausser dem Wind gibt es in der Luft keine Ruder.» Die Fahrt nun auf die Insel im Ballon und dazu Sigbrits Frage: «Was ist, wenn der Wind umschlägt?» Und wieder der weise Odin: «Wenn das eine Pferd nicht ziehen kann, muss man auf das andere setzen.» Und der Fischer folgert: «Natürlich! ... Wenn wir uns des Windes nicht sicher sein können, müssen wir uns die andere Kraft zu Nutze machen, die auf der Insel herrscht ... den Magnetismus.» Dann ist die Rede von einer grossen Eisenkugel, von Gunnar dem Kopf geschmiedet, befestigt am Ballon, den die Insel anziehen soll … Es wäre viel zu deuten, aber ich nehme es an wie im Traum.

Der grosse Tag

Heute ist der grosse Tag, das magische Datum, das mir einst ins Bewusstsein trat auf unerklärliche Weise und das mir lange in weiter Ferne schien. Was es wirklich bedeutet, weiss ich nicht. Ob es um das geht, was ich ins Tagebuch schreibe, jetzt? … Noch einmal «Odins Insel». Wieder spricht der Meister selbst: «Für den Reisenden ist zu Hause ein Ort, an den er zum zweiten Mal kommt.» Er sagt diesen Satz, während er und seine Gefährten mit dem Ballon die Insel erreichen und unter ihnen das Dorf Smedieby erscheint, wo Odin schon einmal war … Der Krieg kann abgewendet werden zu guter Letzt, weil die Königin von Südnorden den alten Vertrag wiederfindet, den vor langer Zeit die Herrscher von Nord- und Südnorden abgeschlossen haben. Sie besiegelten einen Pakt, mit dem sie die verhängnisvolle Insel in der Meerenge zwischen ihren Ländern zum verbotenen Land erklärten, das niemand betreten durfte und über das man nicht mehr sprach … Das verheissene Land und das verlorene Paradies, allen vorenthalten auf ewige Zeiten, um sich zu schützen vor dem vernichtenden Kampf.

Auch in meiner Geschichte geht es um das verheissene Land. Einzutreten will ich jede und jeden heissen, vermessen, wie ich bin.

Zwei Artikel diese Woche in der Zeitung, die mir wichtig scheinen: Der Islam und seine Integration bei uns. Ein Mann und eine Frau, die schreiben. Die Frau liefert den Schlüssel für das Problem: «Integrieren heisst sich verändern.» Die Frau erkennt die Spaltung, die zu überwinden ist. Und mir wird dabei klar, dass es immer der gleiche Abgrund ist, den wir alle überbrücken müssen. Um Freiheit und Geborgenheit geht es. Beides am gleichen Ort zur gleichen Zeit, und beides im passenden Mass.

Gestern in Zürich: Bücher und CDs wie immer, wenn ich in die Stadt eintauche. «Will the Circle be unbroken ... And the Circle will continue ...» Johnny Cash und Freunde singen. Die «Nitty Gritty Dirt Band» hat die Stars der Country-Szene zum Stelldichein geladen. «Volume Two» von 1989. 1971 sei «Volume One» erschienen. Grenzen hätten sie gesprengt, die jungen Musiker. Revolutionäre seien sie gewesen auf ihrem Gebiet. Sie wurden angenommen, obwohl sie anders spielten, als man es sich gewöhnt war ... Was damals revolutionär war, ist heute etabliert.

Ein schöner Mann

Am Samstag auf der Heimfahrt von Zürich, im Zug zwischen Thalwil und Wädenswil. Ich sitze am Fenster, mein Blick in Fahrtrichtung. Mir schräg vis-à-vis im gleichen Abteil sitzt eine junge Frau, die in der Enge zugestiegen ist. Ich selbst stieg im Hauptbahnhof ein. Auf dem Platz neben mir mein Rucksack und auf der Ablage am Fenster die Wasserflasche, die ich unterwegs immer dabeihabe, und daneben das neu gekaufte Buch. Eine alte Frau steigt in Thalwil ein. Sie kommt die Treppe herunter auf die untere Etage. Es sind nur ein paar Tritte, aber sie machen ihr schwer zu schaffen. Sie schaut sich um nach einem freien Platz, für den sie nicht weit gehen muss. Ich nehme den Rucksack auf die Knie und mache zu ihr hin eine einladende Geste. Mein Angebot nimmt sie gerne an. Sie setzt sich neben mich. Blicke hin und zurück und ein paar freundliche Worte, und dann sagt sie unvermittelt: «Ein schöner Mann sind Sie.»

Ich bin berührt, und verlegen macht es mich auch. Ich danke und sage, reichlich unbeholfen, dass ich ihr das Kompliment gern weitergeben möchte. «Nein, nein, das nicht», sagt sie, sie sei eine alte Schachtel, und sogleich beginnt sie zu erzählen. Sie öffnet mir ihr Herz und ich ihr mit ein paar Worten auch das meine.

Körperliche Beschwerden habe sie jetzt, eine Verletzung am Knie. Bis vor wenigen Jahren sei sie noch recht beweglich gewesen. Gymnastik und Tanz habe sie unterrichtet. Im Heim lebe sie jetzt. 84 Jahre sei sie alt. Zum katholischen Glauben sei sie vor Jahren konvertiert, in Einsiedeln sei das geschehen. Ihr Mann habe nicht viel gehalten von ihrer spirituellen Ader, und doch habe ihr Konvertieren der Ehe viel gebracht, ja diese vielleicht sogar gerettet. Der Pater im Kloster, der sie betreute und lehrte, sei auch ein enger Freund ihres Mannes geworden. Eine irdische Freundschaft durchaus, wie ich konstatiere. Ein Mann, dieser Pater, der die Freuden des Lebens nicht nur im Geistigen sah und der ihnen beiden half.

Ob ich Silja Walter, die schreibende Nonne, kenne?, möchte die Frau von mir wissen. Ich sage ja. Mit ihr habe sie Tanzprojekte in Kirchen verwirklicht. Mit ihr zusammen habe sie viel Schönes erlebt. Ob sie umsteige und nach Einsiedeln fahre, frage ich, während sie sich vor Wädenswil zum Aufstehen anschickt. Nein, zum Sohn gehe die Reise, der hier wohnt im Ort. Wir berühren uns dabei, uns beiden ist es ein Bedürfnis. Sie berührt mich am Arm, mit der Hand hält sie sich zurück. Ich lange trotzdem zu. Sie zuckt zusammen. «Nicht zu fest!», sagt sie, sie habe Schmerzen in der Hand.

Vom Klavierspielen erzählte sie auch, vom Musizieren im Heim und im Spital und von ihrer Mutter, die vor ein paar Jahren im hohen Alter starb. Für ihre Mutter habe sie oft gespielt. So viel habe ich in so kurzer Zeit von dieser Frau erfahren. Und als sie ausstieg, war es mir, als ob ich gerade den Anfang für ein ganzes Buch geschenkt erhalten hätte.

«Sie sind ein schöner Mann», sagte die alte Frau ... So kann es beginnen. Und als ich zu Hause war, wusste ich, wie ich ihr das Kompliment elegant hätte weiterreichen können. Beim Schreiben ist mir jetzt gegeben, was ich beim Reden noch nicht fand: «... Nein, nein, eine alte Schachtel bin ich», waren ihre Worte. Und ich sage dazu, dass die Schönheit, die sie meint, mit dem Alter nicht vergeht. Diese Schönheit ist die Würde, die aus der Haltung spricht. Es ist das offene Herz, das sein Licht durch alle Wände verströmt und mir und ihr erlaubt, sie und mich zu berühren.

Die alte Frau, ihr Musizieren und der priesterliche Freund, das weckte Erinnerungen. Wie er, noch ein paar Jahre davor, in England auf Reise war. Im Süden der Insel waren sie unterwegs, und was die Frauen und Männer in der Reisegruppe verband, war ihre Offenheit für Dinge, die nicht zu erklären sind: Steinkreise, Kornkreise, Kirchen, Klöster, Heilerinnen und Heiler und Menschen, die mit der Welt der Verstorbenen, mit den Verwandten drüben reden, als ob es das Normalste wäre, das es gibt. Und Otto, der Älteste in der Gruppe, der Heilmann staunen liess. Über 80 Jahre trug er auf dem Buckel. Ein altgedienter Pfarrer und ein Freigeist durch und durch. Weder sein hohes Alter noch die pfarrherrlichen Erfahrungen aus Jahrzehnten hielten ihn davon ab, über Gott und die Welt zu forschen, wie er es schon immer in seinem langen Leben tat.

Er, Heilmann, Otto der Pfarrer und Walter, dem die Erleuchtung so viel bedeutete. Ein unvergessener Moment, als sie zu dritt im riesigen Kirchenschiff von Tintern-Abbey standen und auf Teufel komm raus die Wahrheit zu ergründen suchten: Die Kirche gross und mächtig, die Säulen und Wände himmelragend und darüber das offene Dach.

Oder der andere Moment, als der Denker, Forscher und Kirchenmann sich im altehrwürdigen Herrenhaus – ein kleines Schloss, erfüllt mit Spukgeschichten – unverhofft an den Flügel setzte und zu musizieren begann. Otto, der kleine Mann mit hinreichend grossem Mut, um die Kornkreise im Ultraleichtflugzeug, vom Wind umweht, aus der Warte des Vogels zu betrachten.

Ein paar Briefe gab es noch, die sie sich nach der Reise schrieben, wie auch wieder, als Heilmann mit seinem «Wolkenland» den Weg zu den Lesern suchte. Auch Otto war einer – einer von den wenigen –, die Heilmanns Werk damals zu Gesicht bekamen.

Wertvolle Gespräche

Lieber Ben
In letzter Zeit habe ich ein wenig über ein Thema unserer Gespräche nachgedacht. Jene schönen und für mich sehr wertvollen Gespräche haben mich zum Schreiben inspiriert. Entstanden ist ein Artikel für die Zeitung, den niemand bestellt hat, und der vielleicht auch nie erscheint. Aber weil Du ein geistiger Mitverursacher meiner Gedanken bist, hast Du einen Anspruch darauf, den Text zu lesen, sozusagen als Vorabdruck.
Ich freue mich, Euch gelegentlich wiederzusehen.
Mit herzlichem Gruss, auch an Rosa, und mit allen guten Wünschen
Otto

Von Freiheit und Geborgenheit und zur Frage des Fundamentalismus:

Als ehemaliger Pfarrer habe ich Erfahrungen mit dem sogenannten Fundamentalismus. Es gibt ihn nicht nur im Bereich der Weltanschauung, sondern auch in der Politik und in der Wissenschaft, ja überhaupt in jeder Gedankenwelt. Sogar Agnostiker vertreten ihre Überzeugung hie und da in fundamentalistischer

Weise. Was sind das für Menschen, die Fundamentalisten? Mir scheint, es sind Menschen, die in ihrer Überzeugung sehr sicher sind. Sie gehen gedanklich und auch in ihrem Verhalten von einer festen Basis aus. Sie haben das Richtige gefunden. Das bedeutet, dass ihre Toleranz andern Anschauungen und anderer Lebenspraxis gegenüber oft enge Grenzen hat. Dem mühevollen Eklektizismus haben sie den Abschied gegeben. Sie haben gewählt.

Oft berufen sich diese Menschen auf eine Autorität. Wenn man die Schüler des grossen Pythagoras fragte, woher sie ihre Erkenntnisse hätten, sollen sie jeweils gesagt haben: «Autos ephä». Auf Deutsch: «Er selbst hat es gesagt.» Einen ähnlich exklusiven Autoritätsbezug habe ich in Dornach bei gewissen (nicht allen!) Anthroposophen erlebt: «Der Doktor (Steiner) hat gesagt.» Aber auch manche überzeugten Christen argumentieren so: «Es steht in der Bibel.» Und ich selbst sagte vor sechzig Jahren: «Karl Barth (der grosse Basler Theologe) schreibt ...»

Nicht immer, aber oft bleiben solch sichere Menschen ein Leben lang bei dem, was sie einmal gewählt haben.

«Was ich schon seit dreissig Jahren vertrete», sagte einer meiner Professoren gelegentlich. Daraus kann sich eine Art Missionsdrang entwickeln. Für mich eigentlich verständlich! Wenn ich das richtige Heilmittel gegen Aids entdecken würde, hätte ich auch das Bedürfnis, es bekannt zu machen. Menschen, die ihrer Meinung nach die Wahrheit gefunden haben, müssen das schon aus Gründen der Solidarität andern mitteilen. Daher kommt es, dass alle Religionen fundamentalistische Züge haben.

Noch etwas: Zum Phänomen des Fundamentalismus gehört auch, dass der Mensch in der Reihe der Gleichgesinnten einen starken Halt findet. Als Mitglied einer politischen Partei oder einer religiösen Gruppe erlebe ich dauernd Bestätigung und kann auch andere bestätigen. So erlebe ich eine Geborgenheit, die mich seelisch und auch gesundheitlich stabilisiert. Darum sind Fundamentalisten meistens glücklich in den Reihen der Gleichgesinnten. Ich erinnere mich noch deutlich daran, wie wohl es mir als «Barthianer» war. Es ist etwas Beglückendes, einen festen Boden unter den Füssen zu spüren.

Aber nun die Frage: Zahlen diese Menschen nicht einen hohen Preis für ihre Geborgenheit, nämlich den Verlust einer gewissen Freiheit? Ich würde sagen: Gewiss! Aber sie zahlen ihn gerne und freiwillig. Die Geborgenheit ist ihnen wichtiger als die Freiheit. Wer wollte sie deswegen schelten?! Beides ist für den Menschen ja nötig. Und: Je unsicherer die Zeiten oder die biografischen Umstände sind, umso mehr sehnt sich das menschliche Herz nach innerer Ruhe und seelischer Heimat.

So kommt immer wieder beides vor: Dass Menschen aus der wohnlichen Geborgenheit in die stürmische Freiheit ausbrechen, und dass umgekehrt Menschen aus stürmischen Lebensumständen in eine (beengende, aber willkommene) Geborgenheit fliehen. Beide glauben, die bessere Lösung gefunden zu haben, und wahrscheinlich haben beide recht. Vielleicht ist es wirklich eine persönliche Frage, wie weit sich der Mensch in die (oft chaotisch anmutende) Freiheit hinauswagen soll. Das kann sich sogar innerhalb der eigenen Lebensgeschichte ändern. Ich muss selber spüren, ob ich jetzt mehr Ruhe oder mehr Bewegung brauche. Und: Je deutlicher ich meine eigenen rechthaberischen Tendenzen (vielleicht ein Symptom innerer Unsicherheit?) wahrnehme, umso besser werde ich auch die sogenannten Fundamentalisten verstehen. Wir haben immer viel gemeinsam.

Lieber Otto
Es ist eine Freude, Deine Zeilen zu lesen. Auch bei mir wirken die Gespräche von England nach. Mit Deiner Hilfe habe ich erkannt, dass ich nicht nur Freiheit suche, sondern auch Geborgenheit. Für diesen Deinen Anstoss vielen herzlichen Dank.
Und die England-Reise hat mir einen Freigeist nähergebracht, der nahe bei uns einen Ort seines Wirkens hatte, auf der anderen Seite des Sees. Ich meine C.G. Jung und seinen geheimnisvollen Turm. Sein Buch «Erinnerungen, Träume, Gedanken» hat Rosa vor Jahren schon gelesen, sie war begeistert. Auf mich haben Jungs Gedanken eine Weile warten müssen, umso kraftvoller kommen sie nun an. Ich finde bei Jung auch Gedanken, die ich mit dem, was Du sagst, verbinde. So spricht Jung von einer «Theorie», die einfach zu seinem Leben gehöre, eine Existenzform, eine «Lebensweise ... so nötig wie Essen und Trinken». Gedanken zum Christentum äussert er zuerst. Vom Guten und vom Bösen spricht er, von der Manifestation des Bösen in den Tyranneien des 20. Jahrhunderts. «Das Böse ist bestimmende Wirklichkeit geworden. Es kann nicht mehr durch Umbenennung aus der Welt geschaffen werden. Wir müssen lernen, damit umzugehen, denn es will mitleben. Wie das ohne grössten Schaden möglich sein sollte, ist vorderhand nicht abzusehen.»
Die Worte «Es will mitleben» sind im Buch mit Kursiv-

druck hervorgehoben. Darin zeigt sich, wie wichtig Jung diese Aussage war. Und weiter sagt Jung mit Nachdruck, dass wir auf alle Fälle einer Neuorientierung bedürften, einer Metanoia. Wenn man das Böse berühre, so bestehe die dringende Gefahr, dass man ihm verfalle. Man dürfe also überhaupt nicht mehr verfallen, auch nicht dem Guten. Ein sogenannt Gutes, dem man verfalle, verliere seinen moralischen Charakter. Nicht dass es an sich schlecht geworden wäre, aber es entwickle böse Folgen, weil man ihm verfallen sei. Jede Form von Süchtigkeit sei von Übel, gleichgültig, ob es sich um Alkohol oder Morphium oder Idealismus handle. Man dürfe sich von den Gegensätzen nicht mehr verführen lassen.

Liegt vielleicht hier der Schlüssel, so frage ich Dich, für das Verstehen all dieser Gräueltaten, die so viele Menschen im Namen des Guten begehen? Oder verfalle ich da meinerseits der fundamentalen Erkenntnis, ich hätte die Wahrheit gefunden? Der Fundamentalist in mir?

Sagen wir es so: Das ist meine Wahrheit, und sie gilt jetzt, weil ich sie als wahr erfahre. Und was die Freiheit anbelangt: Da pflichte ich Dir bei. Wer nur seine Wahrheit kennt, verzichtet auf die Freiheit, die in der Wahrheit der anderen steckt. Solange ich die grössere Freiheit nicht kenne, ist mein Verzicht gering.

Herzliche Grüsse und beste Wünsche für Dich, auch im Namen von Rosa, und bis bald einmal

Ben

Lieber Otto
Ich hoffe sehr, es geht Dir gut. Versteh meinen Brief nicht falsch. Lass Dir ruhig Zeit mit meinem Manuskript. Eines sollst Du aber wissen, wenn Du Dich mit dem befasst, was ich geschrieben habe. Was ich Dir gab, wird nicht veröffentlicht werden. Sollte es irgendwann von mir ein Buch geben, dann wäre es wohl ein Roman.
Vielleicht ist es dann die Geschichte von einem Anwalt, der sich zur Ruhe setzt und seine Kanzlei aufräumt. Als Letztes nimmt er eine Schachtel zur Hand mit Manuskripten, die nie veröffentlicht wurden, mit Zeitungsartikeln, mit Briefen und Tagebüchern. Er durchforscht die alten Sachen. Er darf dabei weise sein, wie man es mir jungem Spund von erst 49 Jahren nicht zugestehen würde. Er sinniert über die Freuden und das Schöne, das er im Leben fand. Auch an Freunde erinnert er sich, von denen er manch wertvolle Geschichte geschenkt erhielt.
Ein Anwalt soll es sein, weil mir diese Figur natürlich nahesteht. Ich werde aber auch Dich vor meinem geistigen Auge haben, wenn es um die Weisheit geht, die ich im vorgerückten Alter mir selber zugestehe.
Herzliche Grüsse
Ben

Lieber Ben
Was für eine Überraschung! Dein Brief! Es freut mich sehr, dass Du noch an mich denkst! Schon ist es mehr als ein Vierteljahr her, dass wir uns am Kongress in Basel trafen. Ich habe es genossen, Dich und die anderen

Reisegefährten von England wiederzusehen. Und dort hast Du mir auf meine Bitte Dein Manuskript gegeben. Und ich ungehobelter Kerl habe einfach nichts mehr von mir hören lassen! Das, lieber Ben, tut mir leid.
Ich weiss nicht mehr recht, wie es ging: Während des Kongresses (ich übernachtete bei Freunden) las ich in Deinem Text, auf der Heimreise im Zug wahrscheinlich auch noch, aber dann, daheim angekommen, überfielen mich andere, vermeintlich dringendere Geschäfte, und Dein Manuskript verschwand in meiner (leider ziemlich chaotisch unübersichtlichen) Bücherwand. Erst vor Kurzem dachte ich wieder daran, begann zu suchen und – stell Dir vor! – finde es nicht mehr! Es ist aber natürlich da, und ich werde es entdecken! So sei mir bitte nicht böse!
Dafür habe ich aber eben vorhin Deinen Beitrag «Stilles Ahnen» aus dem Erinnerungsband, der aus dem Autorenwettbewerb am Kongress hervorging, gelesen. Dieser Essay steht ja ganz unter der Wirkung jenes grossen Unglücks in Südostasien. Und ich möchte Dir sagen: Es gefällt mir gut, wie Du das, was Dich damals bewegt hat, in Deine Worte fasst. Und so bin ich dann auch gespannt auf Deinen Roman, der ja, wie Du mir andeutest, autobiografische (oder vielleicht auch präkognitive?) Züge tragen wird. Es wäre schön, wenn ich dieses Werk dann auch lesen dürfte.
Gerne hoffe ich, dass es Dir und Rosa gut geht, gesundheitlich und persönlich und beruflich. Gerne würde ich wieder von Dir hören. Auch mir geht es immer noch so, dass ich mich am Leben freuen kann, wenn ich auch, wie es für mein Alter verständlich ist, mehr als früher ans Sterben denke. Mich beschäftigen die Fragen des «Transits», das heisst der postumen Reise der Seele. Ich lese viel darüber,

merke aber, wie sehr dieses Thema in unserer Gesellschaft tabuisiert ist. Besonders auch in meiner Kirche, die zwar viel von Trauerbewältigung spricht, aber der Frage ausweicht, ob wir etwas für die Verstorbenen tun können, oder sie für uns.
Unsere Englandreise war für mich ein Erlebnis, das meine parawissenschaftlichen Interessen noch vermehrt und mein kognitives Weltbild beeinflusst hat. Ich werde (trotz meines Alters!) im April in einer Zürcher Arbeitsgemeinschaft ein Referat darüber halten, mit besonderer Berücksichtigung der Kornkreise.
Darf ich Dir, oder Euch, für das Manuskript, das Du mir gabst, ein kleines Gegengeschenk beilegen? Es ist das einzige «Buch», das ich geschrieben habe. Es ist nur als Geschenk zu haben.
Ich grüsse Dich und Rosa herzlich und schicke Euch telepathisch, telekinetisch, spirituell viele gute Wünsche
Otto

Mit Tiefgang und mit Witz

Telepathisch, telekinetisch, präkognitiv, usw. Mann im hohen Alter, mit immer noch wichtigen Geschäften, die er allesamt nicht mehr so wichtig nimmt, und mit einer Bücherwand, in der er noch Dinge – dem Chaos sei Dank! – entdecken kann. Und all die Einschübe, Klammerbemerkungen und Fragen, um offen zu lassen, was sich zu erforschen lohnt, auch wenn es nicht wirklich eine schlüssige Antwort gibt. Und die vielen Ausrufezeichen, mit denen Otto seine Briefe spickte, wann immer er – und das war oft – ein Zeichen seiner Freude und

Begeisterung anbringen wollte. Das war es, was Heilmann faszinierte, auf der Reise und danach, an diesem jungen Geist in seinem alten Körper. Ein Mann mit Tiefgang und mit Witz, und das nicht erst, als sie sich kennenlernten, wie Heilmann auch jetzt wieder konstatierte, während er Ottos gesammelte Schriften aus vierzig Jahren Pressearbeit in kirchlichen und zivilen Organen, das Gegengeschenk von einst, durchblätterte und da und dort an einem der Texte hängen blieb. Zum Beispiel wieder bei dem, was Otto zu «Geborgenheit und Freiheit» schrieb.

Tatsächlich war der Artikel also erschienen. Aber nur fast identisch waren, wie Heilmann jetzt erkannte, der «Vorabdruck» bei ihm und der Text in der Zeitung. Dem Schluss in der Zeitungsversion fehlte die spitze Pointe – «Wir haben immer viel gemeinsam» (mit den Fundamentalisten war gemeint) –, die Heilmann so treffend schien.

Waghalsige Vermutung

Lieber Ben
Gestern Nacht bin ich mit der Lektüre Deines Manuskripts zu Ende gekommen. Ich habe es in die Ferien mitgenommen und möchte Dir gleich heute schreiben. Und weil ich keine «Maschine» hier habe, muss ich es von Hand tun. Kannst Du es lesen?
Also, lieber Ben, Du hast mir mit Deinen Geschichten etwas Kostbares anvertraut. Es sind für mein Gefühl nicht nur persönliche Erfahrungsberichte, sondern Konfessionen, nicht für jedermann bestimmt. Natürlich bin ich beim

Lesen auf gemeinsame Erinnerungen gestossen: auf die Reise und unsere Gespräche. Aber ich habe auch einiges erfahren, was ich noch nicht wusste. Von Deinen Träumen, Deinen inneren Wandlungen, von Deinen Tränen.
Dass Du über eine Sprachbegabung verfügst, wusste ich schon. Das ist ja etwas, was Dir in Deinem bürgerlichen Beruf täglich zugutekommt. Dass Du aber auch Deine sensitiven Erfahrungen in Worte fassen kannst, zeigt mir Dein Manuskript. Es wird für Dich eine wichtige Frage sein, wie Du in Zukunft Deinen Anwaltsberuf und Deine Heilergabe miteinander verbinden kannst. Ich denke, dass Dein innerer Spürsinn Dir helfen wird, Deinen eigenen, unvergleichlichen Weg zu gehen.
Dabei hast Du, so mein Eindruck, in Rosa eine wirkliche Partnerin. Wir Akademiker wünschen uns ja oft Frauen, die sich bewundernd an unserer Grösse emporranken und uns vom Morgen bis zum Abend bestätigen. Solch eine «anschmiegsame» Frau ist Rosa nicht. Sie gleicht eher jener «Anima», die dem Sokrates im Traum erschien und ihm half, die unbelichteten Seiten seiner Seele zu entdecken.
So begleite ich Euch beide mit vielen guten Wünschen, in der waghalsigen Vermutung, dass die Wünsche heute noch (wie in den alten Märchen) wirksam sind.
Und liebe Grüsse
Otto

Lieber Otto
Aber sicher sind sie wirksam, Deine Wünsche. Und was die Märchen anbelangt: Ihr Wesen ist nicht wirklich alt. Sind Geschichten eben, Schicht über Schicht, von denen nur ein

paar zugänglich sind im Moment, da wir sie lesen, erzählen oder erzählt erhalten. Beim einen Lesen bin ich nicht mehr der, der ich beim anderen Erzählen war. Und so erreichen mich immer wieder junge, neue Geschichten, auch wenn sie uns im immer gleichen Wortlaut alt und älter erscheinen.

Und von «Konfessionen» sprichst Du, «kostbar» und «nicht für jedermann bestimmt». Und wenn gerade das das wirklich Wertvolle wäre? Dass ich bereit bin, mein Persönlichstes nicht nur einem Freund, sondern allen anzuvertrauen, die es lesen möchten? Wenn es darum ginge, die Leser und Leserinnen als Freunde zu entdecken und mich ihnen mit meiner ganzen Kraft zu widmen? Wenn ich einfach das Beste, das Innigste von dem gebe, was ich habe, in der Form, die mir selbst Freude bereitet, wäre das dann nicht diese eigene, unvergleichliche Form, von der Du sprichst und in die meine anwaltliche und heilende Tätigkeit mündet? Und wenn dafür die Zeit noch nicht gekommen wäre, weil mich der Mut verlässt oder weil der Markt mein Produkt nicht will, dann würde ich lieber warten, bis die Zeit dafür kommt, statt dass ich an der Substanz meines Wirkens Abstriche mache.

Und weisst Du, vielleicht überschätzen wir das Ganze ja einfach gewaltig. Du als Kirchenmann, für den die «Konfessionen» in erster Linie ein Bekennen zu Gott bedeuten, während ich selbst immer wieder der Tendenz verfalle, mich meiner Lebensaufgabe zu verschreiben, die ich zu manchen Zeiten sogar höher als das Leben werte. Vielleicht, lieber Otto, sollten wir es uns ganz einfach einfacher machen und jede Geschichte, die Persönliches offenbart, als ein wertvolles Bekenntnis verstehen, das die Kraft hat, andere zu berühren. Ich auf jeden Fall habe gerade das vor Kurzem wieder einmal erlebt mit einer Geschichte, die mir zu Herzen ging, auch wenn sie mit meinem Erleben nur wenig gemeinsam hat. Ich rede vom Buch einer Irin, Nuala O'Faolain, «Sein wie das Leben», das ich Dir aufs Wärmste empfehle ...

Über die Konfessionen

Da war er wieder, dieser Hinweis, den Heilmann auch im Tagebuch schon fand. Was er Otto seinerzeit empfahl, wollte er nun auch selber wieder einmal lesen. Und er begann, und er las und las, und es geschah ihm wieder das Gleiche wie schon Jahre zuvor. Das Buch liess ihn nicht mehr los, bis er drei Tage später beim letzten Wort anlangte. Und dabei las er Dinge, die ihn noch einmal an Otto erinnerten, wie auch an das, was dieser ihm in jener Zeit über die «Konfessionen» schrieb. Nuala O'Faolain wörtlich: «... Mein Buch scheint mir, wie andere derzeitige Bekenntnisbücher im Übrigen auch, einen Subtext zu enthalten, der sich nicht verbal, sondern rhythmisch vermittelt ... Was Leserinnen und Schriftstellerinnen verbindet, ist nicht das, was wir haben, sondern das, was wir verloren haben. Die Sehnsucht, das Verlorene wiederzufinden, liegt im Rhythmus und im Ton ... Schriftsteller und Leser singen immer zusammen, der Melodie sind sich beide sicher, doch der Schriftsteller kennt den Text besser.»

Und an einer anderen Stelle erzählt die Autorin vom Gespräch mit einer Freundin, als die Veröffentlichung ihres ersten Buches bevorstand. «Zu welchem Termin erscheint das Buch denn nun?», hat die Freundin sie gefragt, und sie gibt ihr zur Antwort, dass es keine Präsentation oder so etwas gebe. Das mache man nicht bei einem Band mit Kolumnen, die schon in der Zeitung gestanden seien. Es gebe also keinen grossen Termin, sondern es liege einfach irgendwann in den Läden. Dann sei es einfach da. Und hierauf sagt die Freundin sanft, aber bestimmt: «Nuala, es ist dein Werk. Jetzt steh dazu.»

Oft wiederhole sie diesen Satz, diese drei kleinen Wörtchen «Jetzt steh dazu» vor Publikum, und sie erzähle dann, wie sich auf einen Schlag ihre Einstellung zu dem, was sie selbst geschaffen hatte, vollständig änderte. Wie es sie dazu bewegte, ihr Werk fortan zu behüten wie einen Teil von ihr, wie ihr Kind. Wie sie in diesem Moment aufgehört habe, sich für das zu entschuldigen, was sie geschrieben hatte. Und jedes Mal, wenn sie «Jetzt steh dazu!» ausspreche, gehe ein verständnisvolles Raunen durch die Reihen. Von diesen Wörtern gehe wirklich eine Macht aus.

Ob Otto das Buch wohl las, das er ihm damals empfahl? Ob es Otto auch so erkannte, wie Heilmann selber jetzt? Das Bekennen – diese Konfessionen, wie Otto es nannte – ganz einfach als «Steh zu deiner Sache» verstanden? Ob er selbst in jener Zeit noch nicht bereit war, ganz und gar zu seiner Geschichte zu stehen und sie zu behüten wie seinen Schatz? Oder war er bis zum Annehmen und Behüten schon gelangt, aber bekundete er noch Mühe, sein Kind, erwachsen geworden, seine Reise antreten zu lassen? Solche Schwierigkeiten hätte er jetzt, im Grossvateralter, nicht mehr.

Und wenn er neu begänne, jetzt? Und wie Heilmann spürt, ist es schon deutlich mehr als nur die Frage. Auch die Antwort ist schon da, und Heilmann fängt an, und er macht es wieder wie einst: Etwas GROSSES BEGINNT MIT EINEM BRIEF. Ein Brief an Nuala, die Schriftstellerin in Irland, würde es dieses Mal sein. Nicht vorne im Buch würde dieser Brief stehen. Hinten, dem «Wolkenland» angefügt, wäre dafür der richtige Platz.

Liebe Nuala
Dein Leser bin ich. Ich war das schon vor Jahren, als Dein «Sein wie das Leben» erschien. Und zugleich bin ich ein Schreiber. Schriftsteller würde ich gerne sagen, nur fehlt mir dafür das Buch.
Zusammen singen würden wir, sagst Du, die Schriftstellerin und wir, die wir Deine Leser sind. Was uns unterscheide, sei bloss, dass Du den Text besser kennst. Erlaubst Du mir bitte, dass ich das Du verwende, wenn ich mit Dir singe? Für ein Sie fehlt mir die Distanz, da ich ja Deine intimen Geschichten kenne. Danke von ganzem Herzen, dass Du bereit warst, Dich zu zeigen, wie Du bist. Du machst mir Mut, was meine *Geschichten anbelangt. Allerdings, ich gebe es zu, ist die Hürde nicht mehr hoch, die ich überspringen muss. Einem alten Mann sieht man manche Dummheit nach, ihm gesteht man wieder zu, ein Narr zu sein. Mir ist jetzt wieder erlaubt, was ich als Kind einst durfte.*
Für Dich war das noch anders, als Du darangingst, über Dein erinnertes Leben zu schreiben. Wenn ich das, was Du erzählst, mit dem Erscheinungsjahr Deines Buches in Verbindung bringe, dann ziehe ich den Schluss, dass Du jetzt 86 bist oder älter. Das Alter, das Du erwarten durftest gemäss der Statistik, hast Du demnach überschritten, sofern

Du überhaupt noch lebst. Du und Dein geliebter John, ein paar Jahre jünger, der Anwalt aus New York mit seiner kleinen Tochter, die längst auch selbst im Berufsleben steht und ihren Kindern die Liebe schenkt, die sie von ihrer Mutter, von ihrem Vater und von Dir im grossen Mass erhielt. Dass es Dir gelang, das Viele anzunehmen, bereit in Deinem Herzen, um es weiterzugeben an das Kind, daran zweifle ich nicht. Wer geheilt werden will, muss heilen. So habe ich es einmal gehört und mich oft daran erinnert. Und Du hast es genau so gemacht. Die Liebe, die Du Deinen Lesern schenktest und noch immer schenkst, die schenktest Du auch Dir selbst. Das kleine Mädchen hat Dir vor Augen geführt, was unausweichlich war. Wer sich so vielen Lesern zuzuneigen vermag, kann der Liebe zum verletzten Wesen in sich selbst auf die Dauer nicht widerstehen.

Grosse Worte, ich weiss. Aber ich darf sie mir erlauben, wo ich meinen Siebzigsten nun auch schon hinter mir habe. Und solltest Du nicht mehr unter uns Irdischen weilen, dann gestehst Du mir mein gönnerhaft weises Reden ohnehin gütig zu. Dann lehnst Du Dich, gelassen lächelnd, in Deinen Himmelssessel und schaust uns genüsslich zu, wenn wir auf der Bühne unser Welttheater spielen. Oder vielleicht gehörst Du sogar dem erlauchten Komitee der Schreiber im Ruhestand an, und Ihr plant wieder einmal ein neues Werk, gebt Impulse da und dort. Eingebungen, wie wir Irdischen sagen, um einer Geschichte, die verbreitet werden will, beim Autor und beim Verleger, bei den Händlern und bei den Lesern ihren Weg zu bahnen. Ein grosses Team am Werk, auch wenn ich allein am PC sitze.

Aber genug des Fabulierens jetzt. Zu Deinem Buch zurück, das mich berührt hat wieder und wieder, und das mich

anregt, auch eigene Gedanken zu formulieren zu dem, was Du erzählst.
Vom Subtext schreibst Du, im Klang und im Rhythmus vermittelt, der über und zwischen den Worten schwingt. Bekenntnisbüchern, Deinem und denen von anderen Autoren, attestierst Du diese besondere Qualität, und Du hilfst mir, zu verstehen, was Hingabe auch bedeutet. Ein Wort, das ich oft zu hören bekam, als ich auf Heilerspuren wandelte. Hingabe und Demut, meistens zusammen verkauft. Mit beidem hatte ich meine Mühe. Und was die Demut anbelangt, bleibe ich bei der Meinung, dass sie mehr mit fehlendem Mut zu tun hat als mit einer Tugend. Da halte ich es lieber mit dem weisen Rat, wir möchten unser Licht nicht unter den Scheffel stellen.
Die Zumutung gefällt mir besser, obwohl sie, ich weiss, von vielen nicht gern gesehen wird. «Jetzt steh dazu!» Drei Wörter und viel mehr, wie Du auf eindrückliche Weise zeigst. Hat dieser imperative Satz, der keine Widerrede erlaubt, nicht ganz viel damit zu tun, dass wir unser Licht, auf den Scheffel gestellt, weithin erstrahlen lassen, damit es, zusammen mit dem Licht der anderen, den Raum und die Räume erhellt?! Wer sein Licht erstrahlen lässt, mutet es den anderen zu. Eine Zumutung ist er dann, wenn er das Feld der Demut verlässt. Und Hingabe ist es, wenn die Kraft Deines offenen Herzens mich, Deinen Leser, berührt. Und wenn Deine Bücher in Mengen gelesen wurden, dann hat es auch damit zu tun, dass Du uns alles gabst, was Du uns geben konntest.
Verzweifelt warst Du, am Boden zerstört, mit Deiner Liebe am Ende, wie Du meintest, und der Sucht verfallen, als Du Dich schreibend aus dem Sumpf zu ziehen begannst. Die einfachen Dinge des Lebens hast Du im fortgeschrittenen

mittleren Alter erst entdeckt. Dein Privileg, wie Du sagst, weil der Alltag die anderen, besser Organisierten von jungen Jahren an, in diesem Alter zu langweilen begann. Mir scheint, wir sind uns in dieser Hinsicht ähnlich, auch wenn mein Leben, was den äusseren Rahmen anbelangt, wohlgeordnet verlief. Es gab Zeiten, da hätte ich mit Dir getauscht, weil ich nur das Abenteuer sah und nicht auch den Schmerz im Wechselspiel der Gefühle.

Dann sprichst Du vom späten Lohn des falsch geführten Lebens. Und wenn nichts falsch wäre, auch wenn Du es im Nachhinein meinst? Dein Lohn wäre trotzdem verdient. Aber da sage ich Dir ja Dinge, die Du selbst schon lange weisst. Ich erinnere mich, dass Du in Deinem Buch vom kleinen See erzählst, an dessen Ufer Du schreibst, und von Deiner Idee, dass an dieser Stelle vor langer Zeit die amerikanischen Ureinwohner im Kanu über das Wasser glitten. John habe gegrinst, und er habe Deine Fantasien ins rechte Licht gerückt. Der See sei klein genug, um ihn zu Fuss zu umrunden. Der gesunde Menschenverstand. Und trotzdem spinnst Du weiter Deinen Traum und erkennst im Kanu Dein Leben, wie es Dich den langen Weg von Irland nach Amerika führt. Ausgesprochen habest Du es nicht, nicht mehr, geschrieben steht es dann doch. Zu verstiegen schienen Dir selbst die Idee und das Bild, um darüber noch zu reden.

Ist es nicht auch das, was das Schreiben so wertvoll macht? Dem Papier muten wir zu, was wir nicht zu erzählen wagen. Und noch ein anderes von Deinen wunderbaren Bildern fällt mir ein in diesem Zusammenhang. Als Pionierin fühlest Du Dich. Einen ganzen Kontinent habest Du überquert, um auf dem letzten Hügel zu stehen, mit freiem Blick auf die weiten fruchtbaren Felder, auch wenn

diese schon die Herbstfarben tragen. Eine Unruhe sei Dir aber trotzdem noch geblieben. Du seist es nicht gewöhnt, ohne Grund etwas geschenkt zu erhalten.
Und wenn Dein Empfinden nicht falsch wäre, und es tatsächlich grundlose Geschenke nicht gibt? Der Grund vielleicht, den wir im Nachhinein erst erkennen? Das Geschenk, das Dir erlaubt, andere auf ihren Weg zu führen? Auch da weisst Du selbst genug. So stellst Du richtig die Frage, ob man vom Leben wohl belohnt werde für das, was man ist, und nicht für das, was man tut.
Ob es Dir gelingen werde, in die schönen herbstlichen Felder hinunter zu steigen, stellst Du noch die Frage. Die Frage war müssig. Du warst, wie ich als Leser sah, schon daran, die Ernte einzufahren. Und dabei weiss ich, wovon ich rede, war ich doch selber einer, der lange durch die Felder ging und die reifen Früchte nicht sah.
Auch vom ersten Aufbruch auf dem Weg Deines persönlichen Schreibens erzählst Du. Vom Schreibkurs in den altehrwürdigen Räumen des «Irish Writers Center», für den Du Dir nicht zu schade warst, als es darum ging, das sichere Ich Deiner politischen Kolumnen hinter Dir zu lassen und dem mutigen Ich der Gefühle einen Weg zu bahnen. Auch da, scheint mir, war Dein Mut schon gegeben, als Du, die erfahrene Journalistin, die man landesweit kennt, Dich auf die Ebene einer Anfängerin begabst. Auf jeden Fall war Dein Schritt in diesen Kreis kein bisschen falsch, weil sich dort die richtige Aufgabe stellte. Eine Geschichte in tausend Wörtern solltet Ihr schreiben, die sich im Bad abspielte und in der das Thema Sex ausgeklammert war. Noch während Dich die Frage beschäftigte, lachend, wie die Männer in der Runde trotz der gesetzten Schranke die Aufgabe lösen würden, trat unvermittelt ein Bild vor

Deine Augen, mit dem Dein Lachen erstarb, und Du den Weg Deines Schreibens erkanntest. Um Deine Mutter ging es, die im Bad am Boden liegend starb. Der Einstieg sei es gewesen in Deine ganz persönliche Geschichte. Das Lachen müsse eine Tür in Deinem Inneren aufgestossen haben. Die Tür in Deinen ersten Raum, hinter dem sich der Weg zurück zu den Erlebnissen Deiner Kindheit befand.

Ist es nicht seltsam, auf welche Wege das Schicksal uns führt, und wo uns zufällt, was der Zufall uns zufallen lassen will?! Eine Bagatelle scheint es zu sein, was sich im Nachhinein als wertvollen Anstoss erweist. Einmal gehst Du den Weg bewusst, das andere Mal wirst Du gestossen. Deinen Anfang wolltest Du finden, weil Du den Auftrag Deines Verlegers übernommen hattest, zu den gesammelten Kolumnen eine persönliche Einleitung zu verfassen. Bei mir ging es anders rum. Nur ein kleiner Schubs, wo ich diesen bestimmt nicht suchte. Und seltsamerweise – Du staunst – hatte dieser Impuls mit Deiner Heimat etwas zu tun.

Unsere erste Irlandreise stand im Sommer bevor. Ein Reisewunsch, von dem ich lange träumte. Nun würde er Wirklichkeit werden, und ich sah mich veranlasst, in einem kurzen Intensivkurs mein Englisch aufzufrischen. Sechs Abende auch bei mir, wie Du es hattest beim Memoiren-Schreiben-Lernen. Spielend lernen war in der Runde angesagt. Alle erhielten wir einen neuen Namen und wählten einen Beruf aus dem, was uns die Kursleiterin anerbot. Und so war ich «Ryan the writer» für die Dauer einer Woche, und die Gelegenheit war mir willkommen, mich ohne Zwang und Ernst in der Rolle eines Schriftstellers zu üben. Aufgetragen wurde uns als Hausaufgabe, eine Geschichte zu schreiben über nichts als ein unscheinbares, scheinbar bedeutungsloses Bild. Die kleine Geschichte von Louis Armstrong, seiner Frau und ihrer Tochter – ich nahm an, sie hätten eine und sie wäre noch ein Kind – gelang mir leidlich gut und passte zum typischen Schweizer Bild, eigentlich ein Klischee: der Ausblick aus einem mit Blumen geschmückten Fenster in das von der Sonne beschienene wunderbare Land, und eine Trompete, ein antikes Stück, neben dem Fenster an der Wand. In der Geschichte habe ich mir erlaubt, das blecherne Ding zur Trompete von Satchmo zu erklären und den Moment, als er, auf Konzerttournee in der Schweiz, die Pracht der Berge sah, zur Geburtsstunde seines Songs, den jeder und jede kennt. «What a wonderful world», wie er es mit tiefer Stimme sprach – fast war er schon am Singen –, während er sich die Lippen feucht machte und das Instrument in die Hände nahm, um es mit der neuen Melodie zu spielen. – Kitsch, ich weiss. Wertvoll war es trotzdem, weil es mir gelang, mit den paar wenigen Sätzen – es war nicht zu übersehen – die Gefühle der anderen im Kurs zu wecken.

Und mit einer zweiten Geschichte ging es mir noch einmal ähnlich, auch wenn ich mich dabei sogar noch kürzer hielt. Die Not machte ich zur Tugend und schrieb: «Eine sehr kleine Geschichte von einem, dem nichts, aber auch gar nichts einfallen will». Ryan, wie ich selbst, hiess der Schreiber mit kreativem Stau. Am Pult sitzt er, das Bild vor sich in der Hand. Er überlegt, überlegt, überlegt, und während er sich fast hintersinnt, erklingt aus dem Zimmer seines Sohnes Musik, die ihn an seine Jugendjahre erinnert. Die «Beatles», denkt er, sind wirklich ewige Werte, wenn sie die Jungen auch heute wieder hören. Und in diesem Moment genau ertönt John Lennons Rat: «Let it be!». Und er nimmt sich den Rat zu Herzen, und er lässt es

bleiben. Und so hat er aus dem Nichts auf ein paar wenigen Zeilen seine Kleinstgeschichte gemacht.
Und dann frage ich mich doch wieder, weshalb ich Dir diese Geschichten erzähle, die belanglos sind und nur mir selber etwas bedeuten, weil andere Dinge hinzukamen an diesem Ort in diesem Moment, die sich nicht so leicht in Worte fassen lassen. Lilia zum Beispiel, die Kursleiterin, die erzählt, nachdem ich meine Geschichte vorgelesen habe, wie sie an diesem Morgen, dem schönen Wetter zulieb, draussen am Wandern war. Als sie zurückkam zum Auto und das Radio einstellte, sei das Erste gewesen, was sie hörte: Louis Armstrong und «What a wonderful world». Und wenn es mich kräuselt in diesem Moment vom Kopf bis zu den Füssen, dann weiss ich, dass es sich lohnt, diese Geschichte zu erzählen. Und eigentlich, wenn ich mich recht entsinne, fehlt noch ein Teil davon und habe ich die Geschichte nicht ganz richtig erzählt. Louis' Frau nämlich war es, die den Anstoss für das Lied und für den Titel gab. Louis spielt, er übt für den Auftritt am Abend, während seine Frau aus dem Fenster schaut und sie zu Louis sagt: «Hey Louis, isn't this world beautiful?» Und Louis gibt ihr zur Antwort: «O yes, what a wonderful world!»
Und dann ging die Geschichte noch weiter, weil ja auch Louise mit Vater und Mutter reiste. Als Satchmo lange schon gestorben war und die Tochter selbst schon alt, hatte sie viel Zeit, um die Musik von einst zu hören, und immer, wenn der Vater das Lied von der Erde sang, erschien ihr ein Bild vor den Augen: das Fenster, die Blumen, die Berge und die Trompete an der Wand, und sie hörte die Mutter sagen: «Die Welt ist schön, nicht wahr?»

«Wo waren Sie, als ...?», stellst Du die Frage und meinst den Moment, als die Flugzeugbomben in New York am elften September explodierten. In Italien warst Du in den Ferien, zusammen mit Deinen Geschwistern, um Deinen Sechzigsten zu feiern. – Verrückt, dass man einfach elfter September sagt, und jeder weiss, was Du meinst! Auch das Jahr ist sofort wieder da. 2001 war es, und ich sass an der Arbeit im Büro und ahnte nichts von dem, was im fernen New York geschah.

Von New York erzählst Du dann. Wie es war in den Jahren vor dem Attentat, als Du zeitweilig dort wohntest, um an Deinem Roman zu schreiben: ein Ort der Freiheit – die Statue mit Namen Liberty steht nicht umsonst an ihrem Platz – und ein Ort der kreativen Kraft. Eine Stadt, in der Du schon am Tag Deiner Ankunft sogleich zu Hause warst. Eine gute Stadt, um anzukommen, auch bei Dir selbst. Nie habest Du Dir träumen lassen, dass es um Dein mitgenommenes Herz einmal so leicht werden könnte. In New York ist es geschehen. Die Stadt schenkte Dir ihre Kraft, und auch Du selbst hast schreibend Dir geholfen.

Und über die Zwillingstürme vor dem Anschlag hast Du gesagt, sie seien Deine Vertrauten gewesen, als Du im siebzehnten Stock am Washington Square wohntest. Du habest sie gekannt als Deine Nachbarn inmitten von Wolken. Du habest sie gekannt mit ihrer leuchtenden Stadt aus Fenstern im Abendregen. Und Du habest sie gekannt in ihrem bleiernen Grau, kurz bevor es schneite, stumpf vor Kälte. Du habest sogar ihre gesamte Fläche am Boden abgelaufen. Ein Erlebnis, das Du eine Woche nach dem elften September zu einem Gedenkartikel verarbeitet habest. Der Autor eines Buches über die Vogelwelt Manhattans habe Dich und Euch auf einer vogelkundlichen Exkursion durch die Stadt geführt. Was mich erstaunt. Wer nämlich den Ort, wie ich, nur aus der Ferne kennt, hält es kaum für möglich, dass es auch eine Vogelwelt gibt in diesem Meer von Beton, Glas und Stahl. Nach dem offiziellen Vogel der Stadt habe jemand aus der Gruppe gefragt, nach dem fliegenden Wahrzeichen sozusagen. Den Rotkehlhüttensänger habe eine der Frauen vorgeschlagen, weil er der Vogel des Glücks sei. Und eine andere habe entgegengehalten, sie solle das bloss nicht glauben, nach New York sei noch keiner gekommen, um glücklich zu werden. Keiner stimmt offensichtlich nicht. Du auf jeden Fall hast dort Dein Glück gefunden. Und ich kenne noch einen Zweiten, für den das Gleiche gilt. Seine Geschichte werde ich Dir noch erzählen. Und was den Anführer der Terroristen vom elften September anbelangt, bist Du der Meinung, dass er in Amerika das Gleiche gesehen habe wie Du: die Offenheit, die Fähigkeit zur Erneuerung, den freundlichen, naiven Optimismus, die Leugnung der Vergangenheit zugunsten einer möglichst uneingeschränkten Zukunft. Etwas in der Seele dieses Mannes habe es nicht ertragen, dass es ein Land gab, in dem so viel Freiheit herrschte. Das Gemeinsame von Dir und diesem Mann kann ich schon auch erkennen, aber da ist noch etwas anderes, und darin unterscheidet Ihr Euch gewaltig. Er und die vielen unerbittlichen Kämpfer auf dieser Welt haben das fundamental Gute gefunden, ob dieses nun Gott, Prophet oder Siebenter Himmel heisst, und dieses Gute sehen sie in der Freiheit entschwinden. Sie verlieren, was sie kennen. Etwas anderes wollen sie nicht.

Von einer Schriftstellerin will ich Dir noch erzählen. Das ist die einzige Schriftstellerin, von der ich sage, ich sei ihr einmal begegnet, und das nur deshalb, weil sie in der Wirtschaft, wo wir jungen Burschen nach der Schule einen sauren Most tranken – nur den halbvergorenen, nicht den wirklich sauren – am Tisch nebenan sass, mit einem Freund bei einem Glas Wein. Eine Schriftstellerin aus Fleisch und Blut, mit Haut und Haar, nicht wie die Frischs, Dürrenmatts, Brechts, Bölls, Hesses und wie sie alle in der Schule hiessen. Das hier war das Leben, eine Schriftstellerin von hier. Ob sie noch immer da lebte, oder ob sie nur auf Besuch war, wusste ich nicht. Auch habe ich sie nicht selbst erkannt. Einer bei uns am Tisch sagte, das sei Gertrud Leutenegger, sie schreibe Bücher. Es muss die Zeit gewesen sein, als sie mit ihrem Debut in der Welt der deutschsprachigen Literatur ein ziemliches Aufsehen erregte. Aber das kümmerte mich damals nicht. Einer Schriftstellerin zu begegnen, einer richtigen, war mir genug in jener Zeit. Gelesen habe ich ihr «Vorabend» erst viele Jahre später, als es zusammen mit anderen wichtigen Werken der neueren Literatur in unserem Land in der «Schweizer Bibliothek» noch einmal aufgelegt wurde.

Die Geschichte, die das Buch erzählt, handelt am Vorabend, wie der Titel sagt, einer Demonstration in Zürich. Es ist das Jahr des europaweiten Studentenprotests. Und zugleich handelt diese Geschichte – handeln diese Geschichten, müsste ich eigentlich sagen – überall da, wo die Erzählende, die Gertrud heisst wie die Autorin selbst, als Kind und als junge Frau schon war. Am Vorabend geht Gertrud die Route des Demonstrationszugs ab und lässt ihre Gedanken schweifen. Am nächsten Tag will sie frei sein für die politische Mission, die sie mit den anderen zusammen kampfbereit durch die Strassen trägt. Sie schweift sich frei sozusagen, und so geht einer der Gedanken zurück in die Jahre, als ihr fast unbemerkt die Religion abhandenkam.

Was die Autorin dazu schreibt, ist so schön gelungen, dass ich es Dir wörtlich wiedergeben will: «Damals hatte vielleicht bereits jener geräuschlose Prozess der Abtrennung begonnen, jenes unmerkliche Durchlässigwerden der religiösen Traditionen, die den Ort, wo ich aufwuchs, noch beherrschten. Durchlässigwerden, das war es, es lag wenig Widersetzendes, wenig Zweiflerisches, wenig Abneigung und fast kein Überdruss darin. Es waren nur Verschiebungen, die sich beinahe lautlos ereigneten. Ein traumhaftes Hindurchgehen. Die religiösen Traditionen, das mag merkwürdig klingen, sie waren der Eingang zur Welt. Sie beanspruchten, allen Dingen ein zweites Gesicht zu geben, wodurch diese erst ihre ganze Sinnenhaftigkeit erfahrbar machten, sich riechen und schmecken liessen. Es war oft genug ein verwunschen abergläubiges, unsinniges Gesicht, ein passionsfarbenes oft, aber es konnte auch zittern vor Inbrunst und orgeln und glänzen vor Festigkeit und das ganze Dorf damit anstecken ...» – Was ich jetzt gerade schrieb, ist wiederum nicht ganz richtig. «Festigkeit» statt «Festlichkeit», vorausgreifend dem, was ich meine. Das Festliche, das orgelt und glänzt und das ganze Dorf erfasst, ist zugleich – war es, um es richtig zu sagen – das Festgefügte seit Jahr und Tag, überliefert seit Generationen. Und wenn es dir abhandenkommt, das liebgewonnene Alte, verlässt dich der Halt und verlierst du den Stand unter deinen Füssen. Die einen fliegen in diesem Moment. Die anderen kämpfen mit aller Kraft und scheuen auch nicht die Gewalt, wenn es darum geht, was fliegen muss, auf dem Boden zu halten.

Auch Dir, Nuala, ist das Fliegen ja nicht fremd, wie ich aus dem entnehme, was Du im Buch erzählst. Sucht ist vielleicht der Preis, den wir für das Suchen zahlen. Wer dem

Alkohol verfällt wie Du, ist für jeden sichtbar süchtig. Wer sucht und sucht und sucht, Gott, das Heil, die Wahrheit, das Heilige und den Himmel, wird jedoch nur selten als Süchtiger erkannt. Auch selbst fand ich auf meiner geistigen Expedition erst nach vielen Jahren Flug zu der Erkenntnis, die mir half, das Eine zu tun und das Andere nicht zu lassen. «Jetzt steh dazu!» Der gut gemeinte Rat von Deiner Freundin, als es darum ging, Dein erstes Buch in fremde Hände zu geben, ist auch im Kontext unserer Fliegerei zu sehen. Zu fliegen gibt Dir Weitsicht und ist ein Genuss, wenn Du daran denkst, dass der Treibstoff nicht für unendliche Weiten reicht, und Du zur rechten Zeit den Boden wiederfindest. Mir hat die Arbeit jeden Tag, die ich als Anwalt mache, zum einen geholfen, den Boden unter den Füssen nicht zu verlieren. Zum anderen aber – das sage ich ehrlich – ist sie mir auch ein Klotz am Bein, wenn ich den Wunsch verspüre, die Motoren heulen zu lassen. – War, um es richtig zu sagen. Fast hätte ich vergessen, dass – mein Alter sei Dank – keine Fristen, Termine und Mandate mehr übriggeblieben sind.

So ist mir jetzt, als ob da kaum mehr etwas hielte, nur noch ein dünnes Seil. Kein Brüllen der Motoren, kein Rasen über die Piste beim Start. Bloss noch eine gasgefüllte Hülle oder ein bisschen heisse Luft und unten dran der Korb, aus dem ich, bei schönem Wetter und guter Sicht, die Welt erkunden will, wohin der Wind mich trägt. Und vielleicht, Nuala, wäre es schon damals eher ein Ballon gewesen, mit dem ich geflogen wäre – oder gefahren, wie man sagt – und nicht die von Motoren getriebene Maschine. Dann war ich wohl einfach nicht bereit, mich der Richtung hinzugeben, in die der Wind mich trägt. Das soll jetzt anders werden, und ich weiss, wohin ich mich wende. Nicht

«Herder», «Pendo», «Diogenes» oder «Spuren» sollen es dieses Mal sein. Bei «Breitfeld» klopfe ich an. Dieser kleine, feine Verlag, der immer wieder besondere, um nicht zu sagen: sonderliche Trouvaillen erscheinen lässt, und der auch im wirtschaftlichen Erfolg seiner Linie treu geblieben ist. Eine Linie, die nicht schmal, gerade und zielgerichtet ist, sondern – nomen est omen – im breiten Feld mäandert, das zwischen den Sparten überwiegend ruht. Jetzt gehe ich zu Breitfeld und erzähle ihm meine Geschichte. Nicht die, die ich geschrieben habe, die kann er lesen, wenn er will. Eine andere Geschichte will ich ihm erzählen. Die vom Zweiten nämlich – Du weisst schon, was ich meine –, der nach New York kam und – Du wirst es sehen – wie Du sein Glück dort fand.

«Vom Heiligen Martin» also: Überall gibt es Bettler auf der Welt, und mir steht es frei, in New York ihn anzusiedeln. Wobei: «Siedeln» ist nicht das richtige Wort, wo wir darunter doch das Wohnen zwischen Wänden und unter einem Dach, das schützt, verstehen. Unser Bettler kennt keine eigenen Wände, und die Vordächer in den Strassen von New York vermögen nicht wirklich zu schützen, ganz bestimmt im kalten Winter nicht. Seit sieben Jahre hat er, der nicht immer ein Bettler war, an diesem Ort überlebt. Alt sieht er aus, ausgemergelt und verbraucht. Wie alt er wirklich ist, weiss keiner. Man sieht ihn täglich und kennt ihn kaum. Wer er war, haben die wenigen, die sich, als er ankam, für ihn noch interessierten, über die Jahre vergessen, sofern sie nicht selbst schon weitergezogen sind. Ein Weiterziehen kam für ihn nicht mehr in Frage. Was er erhielt, in die Hand oder in den Topf, war genug, um nicht zu verhungern, für eine Weiterfahrt reichte es nicht.

Sieben Jahre, tagein tagaus, immer nur das Gleiche. So auch am Tag, als die Eins ihre letzten Züge tat, um der Zwei im neuen Jahrtausend ihren Platz zu räumen. Für den Bettler wäre morgen alles beim Alten. Um die neue Zahl brauchte er sich nicht zu kümmern. – So sah er selbst es, aber andere hatten anderes mit ihm im Sinn.

Der letzte Tag der Eins am Morgen schon bei Zeiten: Einer kommt die Strasse hergezogen, und hinter ihm auf dem Handwagen eine übermannshohe, kräftig mächtige Gestalt. Überfrauhoch würde besser passen, trägt das Werk des Künstlers doch alle Attribute der Frau. Rund und fruchtbar im Holz, den einen Arm in die Höhe gereckt, wie es auch die andere riesenhafte Gestalt draussen vor der Stadt mit dem Feuer der Freiheit macht. Ein Feuer ist es bei der Holzfrau nicht, sie würde darin verbrennen. Ein rotes rundes Ding hält sie hoch, und wie der Künstler in Wort und Schrift vermittelt, ist es «Eva and the Big Apple», die hier und jetzt zusammen mit ihrem Schöpfer die Gunst der Stunde nutzt. Der Spuk ist kurz, der Auftritt ist schnell vorbei, und schon folgt, noch in einiger Ferne, der Nächste, der sich in Szene setzen will. Der heilige Martin ist es, hoch zu Ross, im wallenden Kleid und gegürtet mit dem Schwert, das er braucht, um den Teilungsakt zu vollziehen. Der Bettler schaut und staunt. Das hat er noch nicht verlernt, auch in den sieben Jahren nicht, in denen er manch eine Verrücktheit sah, wenn auch nicht derart geballt wie an diesem verzauberten Tag.

Der Zauber sollte auch ihn erfassen, aber das ahnte er beim Hinschauen nicht. Der Heilige, ein Wiederholungstäter sozusagen, unterwegs in höchster Mission und bestrebt, die ihm gewidmete Legende für ein weiteres Jahrtausend zu festigen, bringt sein Ross zum Halten vor dem

Bettler. Er zieht das Schwert und teilt, wie's unvermeidlich ist, den schönen Mantel entzwei und gibt die eine Hälfte hin, damit der andere nicht mehr friere. Es ist vollbracht, denkt er, dann macht er kehrt und reitet fort seinen Weg. Der Bettler weiss nicht, ob er lachen oder weinen soll. Die Zeiten der halben Mäntel sind, wie er meinte, vorbei, und dass der Heilige sich noch mehr hat einfallen lassen, um seinem Ruf gerecht zu werden, damit rechnet er nicht. Die Legende, die er selbst schon oft erzählte, als er die Kinder einwies in Glauben und Religion, ist an dieser Stelle zu Ende. Für den Bettler mit Namen Joe ist es aber erst der Beginn. Der Mantel, den er in Händen hält, ist schwerer als der Stoff, und es klimpert verdächtig darin. Joe durchsucht das gute Stück. Er entdeckt im Innenfutter eine Tasche, in der Tasche eine Börse, und diese ist reich gefüllt mit Goldstücken in beträchtlicher Zahl. Joe steht auf vom kalten Platz, seine Habseligkeiten lässt er liegen, und er geht einen Weg, den er lange nicht mehr ging: der Bettler auf die Bank, um aus dem weichen Gold papierene Dollars zu machen. Und keiner schöpft Verdacht, und keiner stellt ihm Fragen, weil das der Ort der Freiheit ist, der er vor dem Attentat noch war.

Joe weiss genau, was er mit den Dollars will, die ihm erlauben, ein rauschendes Fest zu feiern: Friseur, Kleider, Hotel und am Abend ins Konzert. Beethovens Fünfte wird gegeben. Neben ihm – der Zufall will es – sitzt eine feine Dame. Auch sie ist allein gekommen. Ihr Mann starb vor drei Jahren, und die Kinder zogen weg, in den Westen und nach England und eines sogar nach China. Joe möchte reden mit der Frau, aber was soll er ihr erzählen? Vom gescheiterten Kirchenmann oder vom abgewirtschafteten Penner? Von den Geschichten erzählt er ihr, wie viel sie ihm bedeuten. Die Geschichten in der Bibel, die Legenden der Heiligen, von denen er jetzt selbst ein Teil geworden war, und auch von den eigenen Geschichten, die er für das Wochenblatt in seinem Kirchensprengel schrieb.

Ein Journalist sei er, oder eigentlich mehr ein Schriftsteller, da, was er schreibe, für Bücher besser geeignet wäre als für die Zeitung. Er hätte da eine wunderbare Geschichte, viele Geschichten eigentlich, die er erzählen möchte, aber es fehle ihm der Verlag. Ein Wort gibt das andere. Die Frau – wie auch der Zufall will – ist eine Lektorin, und Kochbücher sind ihr Fachgebiet. Die meistverkauften Bücher seien das, eine krisensichere Stelle. «Denn gekocht wird immer», meint sie. Und eine leidenschaftliche Köchin sei sie auch, nur seien ihr, wie sie mit Bedauern sagt, die Esser abhandengekommen.

Dann geht Mitternacht vorbei, und Joe hat erzählt und Mary gekocht, und sie haben nicht gemerkt, wie sich die Zeit unterdessen ins neue Jahrtausend schob. Die neue Zeitrechnung hatte für diese beiden schon mit Beethovens Fünfter begonnen.

In den ersten Tagen des neuen Jahrs setzt Mary alle Hebel in Bewegung, die ihr gegeben sind, um für Joe einen Verlag zu finden. Ein Starkoch, für den sie die Bücher macht, einer aus dem Fernsehen, ist dafür der richtige Mann. Er kennt eine Schauspielerin, natürlich nicht nur eine, aber die richtige auf jeden Fall. Diese Schauspielerin kennt einen Regisseur, der einen Drehbuchautoren und der einen Schreiberkollegen, und der hat eine Agentin, und die ist nicht abgeneigt, die Geschichte zu versilbern. Und in der Zwischenzeit hat Joe auf Marys PC eine erste Probe seiner Schreibkunst abgelegt. Und die Agentin ist des Lobes voll, und sie weiss auch schon, wo sie Joes Geschichte unterbringen will. Joe erhält einen Vorschuss, den er brauchen kann, weil ihm die Dollars des heiligen Martin ausgegangen sind, und er schreibt das Buch seines Lebens, mit dem Titel: «Father Joe – vor, während und nach den sieben mageren Jahren». Verlag und Leser sind begeistert. Joes Geschichte enthält, was das Herz begehrt. Sein Erfolg ist riesig, Joe wird ein reicher Mann. Millionen sind es, die er verdient mit dem Buch, mit den Filmrechten und mit der Lizenz für das Musical, das in London und am Broadway gleichzeitig Premiere feiert.

Nur logisch ist es da, dass ein Verleger aus Deutschland, nach einer gewissen Zeit, auch noch auf den Geschmack kommt. Wo Päpste und Dalai Lama publizieren, darf Father Joe nicht fehlen. Ihren besten Mann, Breitfeld mit Namen, schicken sie also aus, um mit Joe zu verhandeln. Breitfeld und Joe verstehen sich auf Anhieb gut, sie sind Verwandte im Geist. Breitfeld erzählt, dass sie auf dem alten Kontinent schon anders seien als hier im wilden New York. Auch in den deutschen Landen würden Geschichten zuhauf auf der Strasse liegen. Kein Verleger sei aber mutig genug und greife zu. Keine Sparte, die passt! Wie soll sich das Ding denn verkaufen?! Das höre er immer wieder. Und so liege das riesig breite Feld der spartenfreien Geschichten im behäbig sturen Europa ganz und gar noch brach. Und dann stellt ihm Joe eine Frage: «Wie viel, mein lieber, brauchst du, um deinen Verlag zu gründen? Der für das breite Feld, das keiner sonst beackert?» Und beide spüren sie in diesem Augenblick, dass das der Anfang ist, neben der geschäftlichen Beziehung, für eine wunderbare Freundschaft.

Und das, liebe Nuala, das ist jetzt die Geschichte, mit der ich den Verleger für mich gewinnen will. Falls sie ihm

gefällt, kommen wir ins Geschäft, und ich werde auf die alten Tage doch noch vom Schreiber für den Hausgebrauch zum passablen Schriftsteller befördert. – Oder vielleicht kommt es auch anders, und «Breitfeld» ist ein Verlag wie alle anderen auch. Auch er dem Markt unterworfen, der vereinfacht um jeden Preis, und der nach Sparten verlangt: Sachbuch oder Roman. Markt, Käufer, Konsument. Keiner weiss wirklich, wer er ist, dieser Käufer, den wir Leser nennen, wir beide gehören dazu. Aber eines weiss Breitfeld genau: dass die Vernunft die Welt erklärt, aber das Herz die Welt bewegt. Dieser einen treibenden Kraft hat er seine Referenz erwiesen, und, grosszügig mit sich selbst, hat er den dreizehnten Teil seiner Erträge in sein Programm «Breitfeld de Luxe» gesteckt. Investitionen in das Leben, wie er selber sagt - und ab und zu auch solche wider jede Vernunft.
Und so bin ich inzwischen noch einmal älter geworden, 80 vielleicht oder mehr, und der Verleger kommt selbst in die Jahre. Zeit auch für ihn, das Tagesgeschäft in jüngere Hände zu geben. Nur von «Breitfeld de Luxe» will er sich nicht trennen. Er sucht ein passendes Manuskript, um damit die verdiente Freiheit seines reifen Alters zu feiern. Auch bei ihm steht eine Schachtel, wie sie bei mir vor Jahren stand. Dieser seltsame Heilige von einst, denkt er, der wäre richtig jetzt. Diese Geschichte vom Vater und vom Sohn, eine Versöhnung sozusagen. Wie der Sohn den Wert der schönen Dinge erkennt, die der Vater im vorgerückten Alter, frei von seinen Pflichten, auf der Drehbank zu schaffen beginnt. Drehen, drehen, drehen, um nichts als um die Mitte. Das wäre die Geschichte, die passt.
Ob es diesen Heilmann noch gibt? Breitfeld probiert's, er hat Erfolg. Es gelingt ihm, mich alten Mann bei guter

Gesundheit noch zu erreichen, und es geschieht, woran ich selbst schon lange nicht mehr dachte: Druckfrisch halte ich mein Buch jetzt in der Hand. Schön ist es geworden, der Titel und das Bild.
Herzlich
Dein Leser Ben

PS: Natürlich, Nuala, hast Du recht. Beethovens Neunte war es, wo sie von der Freude singen, nicht die Fünfte, für Joe und Mary an ihrem denkwürdigen ersten Tag. Diese Fünfte aber, von den Winden des Schicksals durchweht ... Aber das ist eine andere Geschichte, die ich ein anderes Mal erzähle.

Aus Goethes «Faust», ein Abgesang:

Ein bisschen Feuerluft, die ich bereiten werde,
Hebt uns behend von dieser Erde.
Und sind wir leicht, so geht es schnell hinauf;
Ich gratuliere dir zum neuen Lebenslauf.

III.

Hallo Maren

Betreff: Machen – Macht

Hallo Maren, jetzt bin ich durch mit «Flugjahre» in der neuen Fassung, es hat sich gelohnt. Beim Wiederlesen und Schreiben kam mir eine Erkenntnis. Du hast mir einmal gesagt: «Du musst wissen, was du willst, um zu finden, was du suchst.»

Das ist von allem das Beste, was mir je einer sagte. Nur eines scheint mir ebenbürtig, nämlich der Rat «Just do it!». Du musst deine Sache machen, wenn du wissen willst, ob sie funktioniert.

Und jetzt habe ich auch verstanden, was Mircea Eliade meinte, als er in seinem Roman seinen Helden sagen liess: «Es gibt nur eine Pforte: der Sieg, die Verwirklichung, die Beherrschung. Das Scheitern bedeutet Wahnsinn oder Erschöpfung.»

In diesem Sinn: Siegen will ich. Jetzt weiss ich, was ich will. Ich will die Gabe, die ich habe, verwirklichen und beherrschen. Ich will die Meisterschaft in meiner Herzenssache erringen.

Und dann noch eine Frage, nur eine noch zum Schluss: Es gibt etwas, das will mir nicht aus dem Kopf. Ich frage mich, ob es um das Gleiche geht in der Legende von Artus und dem Schwert. Liegt im Beherrschen der Gabe das Fundament der Macht?

Sag, Maren, was hältst du davon?

Herzliche Grüsse

Ben

AW: Machen – Macht

Lieber Ben, eigentlich brauchst du meine Antwort nicht. Eigentlich. Wenn du mich aber fragst, so sage ich: Wahrscheinlich hast du recht.

Quellen

Zitate Seiten 68 und 87 aus «Der verrückte Bibliothekar» von Mircea Eliade, Suhrkamp Verlag
Zitat Seite 97 aus «Ein alter Traum von Liebe» von Nuala O'Faolain, List Verlag
Zitate Seiten 114 und 139f. aus «Auf dem Jakobsweg» von Paulo Coelho, Diogenes Verlag
Zitat Seite 133 aus «Ein Traum von Kirche – Menschlichkeit nach Jesu Art» von Ludger Hohn-Morisch, Herder Verlag
Zitat Seite 146 aus «Demian» von Hermann Hesse, Suhrkamp Verlag
Zitate Seiten 174, 177, 179 und 205 aus «Sein wie das Leben» von Nuala O'Faolain, List Verlag
Zitat Seite 176 aus «Wie ein einziger Tag» von Nicolas Sparks, Heyne Verlag
Zitate Seiten 183 bis 189 aus «Odins Insel» von Janne Teller, btb Verlag
Zitat Seite 197 aus «Erinnerungen, Träume, Gedanken» von Carl Gustav Jung und Aniela Jaffé, Walter Verlag
Zitat Seite 218 aus «Vorabend» von Gertrud Leutenegger, Suhrkamp Verlag

«Von Freiheit und Geborgenheit und zur Frage des Fundamentalismus» auf den Seiten 194ff. unter Verwendung der Kolumne von Otto Streckeisen mit dem Titel «Geborgenheit und Freiheit», erschienen am 9.1.2004 in den Schaffhauser Nachrichten, mit der freundlichen Erlaubnis der Redaktion

Erde an Scotty

Ausgezogen, um mein Glück zu finden, habe ich entdeckt, dass ich es mit mir trug.

«… Du weisst, dass ich mich in der ‹Leben & Bewegen›, wo meine Geschichten erscheinen, einen Sinnsucher nenne. Und jetzt rede ich der Sinnlosigkeit das Wort! Das ist kein Widerspruch, sondern eine logische Konsequenz. Wer sucht und sucht und sucht, findet irgendwann den Ort, wo er verweilen möchte, vielleicht bis ans Lebensende, oder er erkennt, dass das Suchen nur dann wirklich Spass macht, wenn es ein endgültiges Finden nicht gibt. Sonst wäre das Suchen zu Ende. Eine Katastrophe wäre das für einen Sucher wie mich …»

Leseprobe und mehr dazu unter www.bküttel.ch
Printbuch ISBN 978-3-906095-67-7
erhältlich im Buchhandel,
E-Book bei Amazon, iTunes &
in vielen weiteren Shops